KB262089

따뜻하고 촉촉하고 짭쪼롬한
하느님

따뜻하고 촉촉하고 짭쪼롬한
하느님

Edwina Gately
A WARM MOIST SALTY GOD
Women Journeying Towards Wisdom
Source Books, Trabuco Canyon California 1993

Translated by Hwang Aie-Kyung
© Benedict Press, Waegwan, Korea 1998

따뜻하고 촉촉하고 짭쪼롬한 하느님
1998년 4월 초판 | 2007년 2월 재쇄
옮긴이 · 황애경 | 펴낸이 · 이형우
ⓒ 분도출판사
등록 · 1962년 5월 7일 라15호
718-806 경북 칠곡군 왜관읍 왜관리 134의 1
왜관 본사 · 전화 054-970-2400 · 팩스 054-971-0179
서울 지사 · 전화 02-2266-3605 · 팩스 02-2271-3605
www.bundobook.co.kr
ISBN 89-419-9804-2 03230
값 4,800원

에드위나 게이틀리

따뜻하고 촉촉하고 짭쪼롬한 하느님

황애경 옮김

분도출판사

헌 사

내 아들 니알 키치토가
지혜와 은총,
힘과 부드러움 안에서 성장하고,
남성과 여성,
이 땅, 그리고
살아 있는 모든 것을
사랑하는 사람,
하느님의 참된 아들이
되기를 바라며 …

일리노이 주에 있는
휘튼 프란치스코 수녀님들께
그리고
캔자스에 있는 성 요셉 재단에
이 책을 쓸 수 있도록
재정적으로 도움을 주신 데 대해
감사드립니다.

목 차

오 하느님, 우리를 받아들여 주시고
　　　　내던지지 마소서
오 하느님, 우리를 당신 배꼽 안에 넣어주시고
　　　　다시 꺼내지 마소서
오 하느님, 우리를 당신 모태의 불꽃 안에 넣어주시고
　　　　다시 꺼내지 마소서
오 하느님, 우리를 당신 검은 옷자락으로 감싸주시고
　　　　다시 꺼내지 마소서
오 하느님, 우리를 당신 모태의 순결함 속에 넣어주시고
　　　　다시 꺼내지 마소서
오 하느님, 우리를 당신 날개 아래 품어주시고
　　　　다시 내려놓지 마소서
오 하느님, 우리를 당신 품에 안아주시고
　　　　다시 내려놓지 마소서
오 하느님, 우리를 당신 등에 업어주시고
　　　　다시 내려놓지 마소서.

마사이 노래

출발점

우리가 살고 있는 세상에는 수많은 사람들의 생명과 정신을 위협하는 일들이 자주 벌어지고 있다. 마치 큰 죄라도 지은 듯 뉴스를 꺼버리고 신문의 머리글자에서 눈을 돌리면서, 쇼핑을 하고, 술을 마시고, 친지들을 찾아나서고, 훌훌 떠나버리는 휴가를 계획하는 등 개인적인 위로를 찾고 기분 전환을 위한 안식처를 만들기 위해, 조용히 그리고 필사적으로 애쓰고 있다. 그럼에도 마음 푹 놓고 웃을 수 있는 일은 도무지 생기지 않는다. 모든 것이 뒤죽박죽이고 더 나아질 기미가 보이지 않는 것이다.

나는 세상에서 가장 많은 사람을 감옥에 가두고 있는 나라가 미국이며, 수감자들의 85%가 아동 학대를 당한 경험이 있다는 사실을 알고 경악을 금치 못했다. 파괴적인 행위 — 아동 학대의 결과일 때가 대부분인데 — 에 대해 사형이나 여러 해 동안 감옥에 가두는 것 — 어린이를 포함해서 — 으로 반응한다는 것은 바람직한 일이 아니다. 또한 미국은 강간 사건이 세계에서 가장 많이 일어나는 나라로서, 정확히 말해 세 사람 중 한 사람이 강간당한다. 정말 끔찍한 일이다! 여성들은 길을 걸을 때 등 뒤에서 누가 덮치지 않을까 염려하며 자꾸 뒤돌아본다. 매일 열 명 중 한 명이 구타로 죽어가고 있다. 우리 오염된 공기 속에 무력한 우울증이 내걸려 있는 게 하나도 이상할 게 없다. 어떤 형태로든

피난처를 찾고, 숙명론적인 입장으로 포장하고 좀더 나아질 수 있는 계기가 있을 거라고 몰아대는 것으로 족하다.

그런데 우리 각자가 무언가를 갈망하고 절망과 무기력을 떨치고 일어나, 우리 자신, 따라서 우리 자녀들을 위해 좀더 나은 삶을 찾아나설 때야, 비로소 개선될 수 있는 계기가 생길 것이다. "찾아나서는 것"에 대한 견해나 느낌은 개인에 따라 다를 수 있지만 이 여행은 해야 한다. 특히 오늘날 여성은 이 여행길에 오르도록 불림받았다는 것을 의식하고 있으며, 이것이 바로 우리 모두에게 지극히 중대한 문제라는 것을 더욱더 자각하고 있다.

검은 옷의 여인

전에 나는 북아프리카의 사하라 사막에서 혼자서 석 달 동안 기도하며 지낸 적이 있다. 이 복된 침묵기간중에 달 표면을 닮은 사하라의 산허리에 있는 작은 판자 동굴에서 몇 주일 지내기도 했는데, 피정이 끝나기 며칠 전의 일이다. 땅속 깊이 있는 양철 우물을 살펴보니 바닥이 훤히 보였다. 이제 앉아서 목말라 죽지나 않기를 바랄 수밖에 없는 것 같았다. 바닥에 남은 물로 겨우 목을 축이다가 죽음을 기다리는 수밖에 …

그런데 갑자기 그리고 좀 조심스럽게 다른 가능성이 고개를 내밀었다. 내가 물을 찾을 수도 있는 것이다! 그런데 다시 한번 생각해 보니 그것은 정말 터무니없는 것이었다. 결국 나는 딱정벌레와 뱀, 기이한 독거미들 외에는 살아 움직이는 것이라곤 하나도 없는 광활한 사막에 홀로 있었던 것이다. 정말 말도 안되는 생각이었다. 그렇지만 … 물이 있다면 좋을 텐데. … 먹을 것과 마실 것이 도착할 거라고 믿으면서 마음 푹 놓고 지낼 수 있다면 얼마나 좋을까?

나는 내 앞에 놓여 있는 두 가지 가능성에 대해 곰곰 생각해 보았다. 그리고 물을 찾겠다는 결심은 오직 나만이 할 수 있고 또 내가 해야 한다는 엄청난 책임감을 인식했다. 그런데 물을 찾아 떠난다는 것은 터무니없고 쓸데없는 생각임이 분명하니 실패

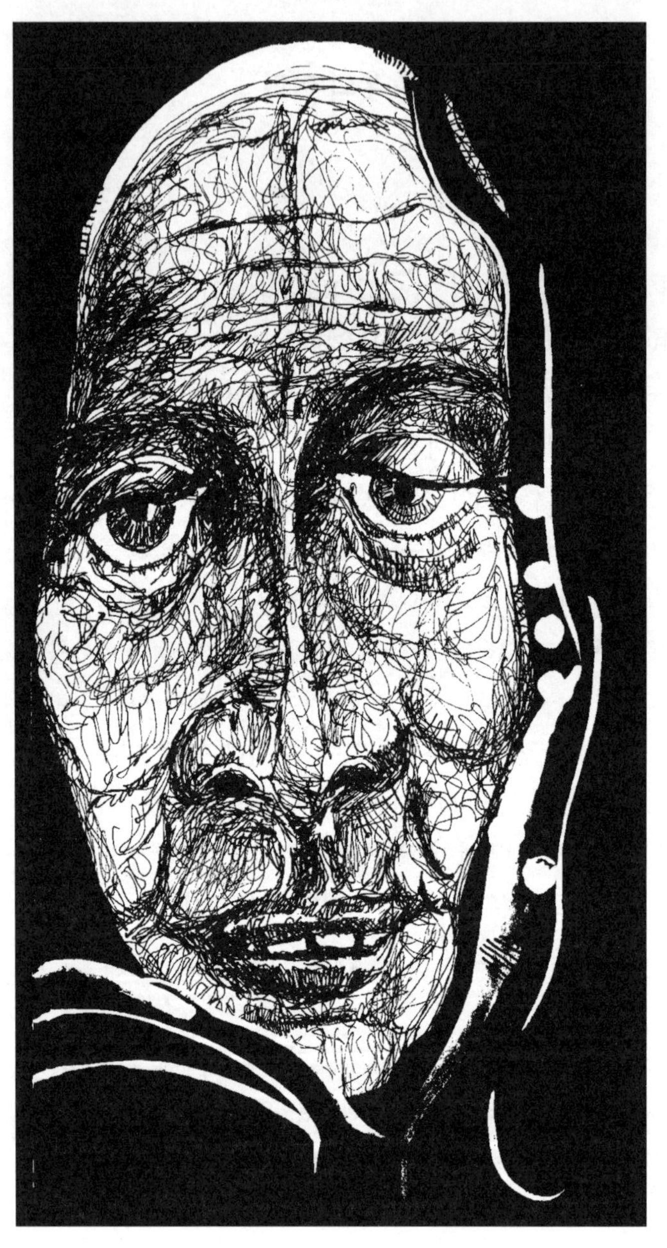

할 수밖에 없다고 여겨졌고 또 사실이 그러했다. 내 주위에는 모래와 거친 화산 바위가 끝도 없이 펼쳐 있었다. 그런 곳에서 물을 찾는다는 상상이라도 할 수 있단 말인가? 그럼에도 불구하고 나는 양철 깡통을 들고 태양의 방향을 눈여겨 보고는 광야로 걸어가기 시작했다.

터덜터덜 걸어가는 동안, 내 머릿속에서는 이성의 목소리가 끊임없이 속삭였다. "정말 어리석기도 하지, 정말 바보 같은 …" 그런데 내 안에서는 또 다른 무엇이 자유와 힘을 느끼며 미소짓고 있었다. 하느님이 생각났고 기적을 신뢰하고 믿으라는 간청이 줄곧 들려왔다. 나는 우리가 얼마나 기적과 접하지 못하는지를 생각했고, 세상과 우리 삶에서 일어나는 기적, 즉 기쁜 소식, 하느님이 우리와 함께 계시다는 데 대한 의식이 부족한 것은, 신앙과 신뢰심이 부족하기 때문이 아닐까 하고 생각했다. 그러고 나서 중얼거렸다. "그래, 안될 것도 없지 않은가? 이 무모한 희망을 걸고 하는 여행에 기적이 있지 말란 법이 어디 있는가?"

태양이 중천에 떠오르면서, 나는 거의 포기상태에 이르렀고, 이 여행이 얼마나 어리석고 무책임한지 끊임없이 비웃으며 괴롭히는 이성의 목소리 때문에 거의 돌아설 뻔했다. 그렇지만 나는 멈추지 않고 걸었다. 3마일쯤 걸었을까? … 땅의 열기로 아지랑이가 무럭무럭 솟아오르고 있는 저편 돌벽에 염소 가죽 지붕의 작은 오두막이 보였다. 신기루인가? 그 움막에서 키가 큰 사람, 검은 옷에 검은 베일을 두른 사람이 돌연 나타났다. 사막의 여인!

나는 흥분하여 그 여인에게 달려갔고 그 여인도 나에게 달려왔다. 그런데 어느 정도 가까워졌을 때는 우리 둘 다 멈추어 섰다. 그리고 살금살금 먹이에게 접근하는 짐승처럼, 조심스럽게 천천히, 서로를 향해 다가섰다. 그 여인은 사막의 방랑자, 뚜아레그족 아랍인이었는데, 인가에서 멀리 떨어진 작은 움막에서 혼자 살고 있는 것 같았다. 살갗은 태양볕에 그을렀고, 다갈색 눈은 깊고 지혜로웠으며, 얼굴에는 수천 개의 고랑이 패여 있었다. 나는 황량한 사막에서 마주친 다른 존재 앞에서 놀라움을 금치 못했다. 우리는 놀란 상태에서 상대방의 눈을 오랫동안 들여다보았다.

그 여인은 볕에 탄 주름진 얼굴에 미소를 머금은 채, 말없이 내 손을 잡고 움막으로 갔다. 그리고 수직 깔개를 모래 위에 깔고는 앉으라고 손짓하고 나서 근처 바위 무더기 속으로 사라졌다. 나는 혼자 앉아 있었다. 광막한 곳에서 여인을 만났다는 사실에 아직 어리둥절한 상태에서.

이윽고 그 여인은 뜨거운 차를 담은 그릇과 진흙으로 구운 잔 두 개를 가지고 돌아왔다. 향긋한 아라비아 차를 끓여온 것이다! 멀리 떨어진 두 세계에서 온 두 여인, 우리는 자기 앞에 다른 사람이 있다는 놀라움을 음미하며 차를 한 모금씩 들이켰다. 우리는 언어도 다르고, 세계도 다르고, 삶도 다르다. 그렇지만 나는, 그 여인도 동감했으리라고 여겨지는데, 우리가 하나요 같으신 하느님을 믿는다는 것을 알았다. 우리는 따끈하고 신선한 차를 함께 나누면서, 그 광활하고 초자연적인 그곳에서 우리와 함께 앉아 계시는 하느님도 나누었다. 그 하느님은 나를 광야로 데려오신 하느님, 거기서 내 영혼에 대고 말씀하시는 그 하느님이었다.

그 여인은 일어나서 다시 내 손을 잡고 바위틈의 웅덩이로 데리고 갔다. 그 웅덩이는 거대한 둥근 돌 사이에 있었다. 나는 내 양철 깡통에 물을 채우고는 깊고 어진 눈을 한 검은 옷의 여인, 나에게 차와 물을 준 여인을 끌어안았다. 헤어지면서 우리는 손을 흔들었다. 다시는 보지 못할 것이다. 나는 마음속 깊이 기적에 대한 경외감과 함께 감동을 느꼈다.

나는 모든 논리와 상식을 거슬러서, 약간의 신앙과 약간의 희망을 가지고 물을 찾아 사막으로 여행을 떠났다. 광야로 이끄는 여행을 하지 않는다면, 하느님께서 마련해 놓고 기다리시는 기적을 결코 알지 못할 것이다.

사막에서의 차 한 잔

광막한 사막에서 홀로 헤매다.
사정없이 쏟아져내리는 햇살,
비오듯 뚝뚝 듣는 땀방울,
바위들,
황량하고 적의에 찬 은신처
용감한 사막 꽃.
그리고 나 — 외롭게 할딱이는 가슴
광활하고 텅 빈 땅에서
외로운 하느님을 찾아 헤매다.

바위들 저편에는
광막한 대기에
내걸려 있는
짙고 달콤한 염소들의 냄새.
그리고 거기, 수천 마일의 사막 위에
검은 옷을 입고
영롱한 목걸이를 한
볕에 그을린 여인이 서 있다.

우리는
수많은 세월과 나라를 가로지르며 걸어가
만났다.
상실된 옛 지혜로
반짝이는 눈동자.
숨김없이 드러난 공포와
견고한 고독의 광채를 말하고 있는
눈동자.

미소. 말이 없다
언어의 장벽을 산산이 부숴버린다.
검고 터진 손과
하얗고 부드러운 손이
마주친다.
마주한 두 손에

수많은 문화를
하나로 쓸어담으면서.

우리는 함께 걸었다,
바위와 염소 가죽으로 된
투박하고 견고한 안식처로.
그리고 모래 위에 당당하게 깔려 있는
뚜아레그 깔개 위에 앉았다.
미소. 말이 없다.

수백만 미지의 언어를
추구하고 말하는 눈.
차.
노천 화로의
낡은 양철 주전자에
사랑과 배려의 마음으로 준비된
진하고 뜨겁고 달콤한 차.
한 모금 마신다. 감사의 미소.
미소. 말이 없다.

사막의 여인.
서구의 여인.
세계가 모였다.
평화와 일치가 이루어졌다.

경쟁심과 증오심이 무너져 내렸다.
검은 것과 흰 것.
사자와 양.
미소. 말이 없다.
뚜아레그 여인.
영국 여인.
광막한 사막에서
차를 한 모금씩 들이키며
이제야 찾은 살아 있는 하느님과 함께
왕국을 이야기한다.

한 평신도 여자의 시편

깊이 감동받은 여인

옛날 옛날에 눈물로 세월을 보내는 여인이 있었다. 성서의 이 가없은 여인은 하혈을 했다. 성서 저자들은 여성의 신체와 그 기능에 대해 말하기가 좀 두렵고 쑥스러웠는지 진짜 문제가 무언지 밝히지 않은 채 그저 하혈을 한다고 말했다. 사실을 말할 것 같으면 그 여인은 월경이 끊이지 않는 부인과 병에 걸렸다. 12년 동안 월경을 하고 있었던 것이다.

자, 상상해 보라! 한 달에 닷새만으로도 족한데 12년이라니! 그 시대의 문화와 관습에서는 월경중의 여인은 부정하다고 여겼다. 오늘날 에이즈 환자 같은 취급을 받았던 것이다. 월경중에 있는 여인이 다른 사람을 만지면, 부정한 것이 전해질 수도 있다고 믿었기 때문에 다른 사람과 격리시켰다. 그 기간이 끝날 때까지 공동체에 나타나지 말아야 했다. 오늘날에도 그런 인습을 지키고 있는 부족사회가 있기는 하다.

그 여인은 산부인과를 찾아다니느라, 의료비, 왕진 등으로 재산을 다 날려버렸다. 저축과 증권을 다 찾아서 문제를 해결하려고 했지만 소용이 없었다. 아무런 효과가 없었던 것이다! 그리하여, 그 여인은 구석에서 12년 동안 지냈다. 다른 사람에게 감염시키지 않기 위해서 자기만의 밥그릇과 국그릇 그리고 접시를 가지고 있었다. 그리고 거기 있었다. 추방된 상태에서!

어느 날 그 여인은 어떤 사람의 소문을 들었다. 그의 이름은 예수였는데, 장님에게 "나을 수 있다"고 했고 절름발이에게는 "걸을 수 있다"고 했으며 죽은 사람을 살리기까지 했다! 여인의 심장은 세차게 고동치기 시작했다. 온전히 치유될 수도 있다는 생각이 들자 마음이 들떴다. "나 같은 사람을 위해서도 …" 여인은 중얼거렸다. 흐릿하던 그 눈이 빛나기 시작했다.

그때 현실이 생각났다. "아 아니야, 나 같은 사람이 어떻게! 작고 보잘것없는 내가 어찌 감히 존엄성과 충만함 그리고 온전함에 도달할 수 있단 말인가?" 그러고는 기존의 길, 현상現狀을 받아들였다. 사람들이 하는 말을 받아들였다. 그리고 자기 자리라고 정해져 있는 구석에 처박혀 있었다.

그런데 보라. 그것은 사라지지 않았다. 그것은 배꼽 안에 있는 그 무엇, 배꼽 저 안에 있는 육감이었던 것이다. 여인의 깊은 곳에 있는 그 무엇이 계속 부추기고 쿡쿡 찔렀다. 마침내 그 여인은 모자를 꺼내 쓰고 "이제 떠나자!" 하고 말했다. 그러고는 문을 열고 구석자리에서 뛰쳐나왔다.

밖에는 군중이 "오, 위대한 분이여, 스승이며 예언자여, 영도자여!" 하고 외치면서 나자렛의 예수를 둘러싸고 있었다. 여인은 자기 목숨이 자기 손에 달려 있다는 것을 알았다. 그들에게 발견되면, 버젓이 돌아다니고 있는 자신이 누구인지 알려지면, 벌을 받아야 했다. 처형당할 수도 있었다. 법을 어겼다는 이유로, 자기 자리에서 나왔다는 이유로, 감히 앞으로 나아갔다는 이유로, 자기 소유와 존재보다 더 나은 것을 향해 나아갔다는 이유로.

여인은 군중 사이를 헤치며 앞으로 나아갔다. 어떻게 뚫고 나아가는지를 아는 여인처럼 능숙하게. 적대적인 군중을 헤치고서 계속해서 나아가 앞자리에 도달했다. 그 뻔뻔하고 건방진 여인을 상상해 보라! 감히 그럴 수가! 그런데, 여인은 해냈다. 앞으로 나아가 예수의 제자들과 부딪쳤다. 제자들은 예수를 경호하기 위해서, 그리고 군중이 신성한 장소, 신성한 인물에게 접근하지 못하도록 막으면서 앞에 서 있었다. "물러나시오!" 그렇지만 결의가 확고한 이 여인은 못 들은 척했다. 자신의 소망이 너무나 중요하고, 또 물리칠 수 없었기에 포기할 수가 없었던 것이다. 여인은 제자들 사이로 살짝 빠져나가 예수와 마주하게 되었다.

마침내 해냈다! 먼길을 온 여인은, 온갖 말을 늘어놓고 무슨 특별난 짓을 하지 않아도 된다는 것을 알고 있었다. 여성으로서 그녀는 만진다는 것이 무엇을 의미하는지 알고 있었다. 몸을 앞으로 기울이고 손을 내밀어 예수의 어머니가 짜주신 옷자락을 만졌다. 찌직! 예수는 깜짝 놀라 돌아보면서 말했다. "나를 건드린 사람이 누구요?" 제자들은 — 가장 중요한 시기에 무슨 일이 일어났는지도 모르고 언제나 이해가 더디던 — 그게 무슨 소린지 몰랐다.

예수가 "누군가 나를 만졌소" 하고 말했다. 제자들은 예수의 순진한 태도를 보고 재미있게 여기며 말했다.

"여기 이렇게 많은 사람이 주님을 만지고 있습니다."

"아니, 당신들은 모르오." 예수가 대답했다.

"깊은 차원에서 무슨 일이 일어나고 있는지 아는 사람이 여기 있소." 그 여인은 자기를 두고 하는 말이라는 것을 알고 앞으로 나갔다.

"접니다."

예수는 여인이 얼마나 위험한 여행을 무릅썼는지를 알고 놀란 눈으로 바라보았다. 그리고 미소지으며 말했다.

"여인이여, 일어나시오!"

그리하여 12년 동안이나 굽어 있던 여인, 자신의 병, 무능, 왜소함 때문에 풀죽었던 여인이 등을 곧게 하고 일어섰다. 그러자 예수는 선언했다.

"여인이여, 당신 믿음이 당신을 낫게 했소."

아! 12년 동안 자신이 보잘것없는 존재라고 여기면서 구석에서 지내던 여인이 "일어나시오!" 하는 예수의 말을 들었으니, 그 기분이 어떠했겠는가!

여인은 새 사람이 되었다! 말씀을 듣고 온전성을 향한 모험을 했기 때문이다. 그 여행은 여인을 치유해 주었고, 새롭고 건강한 삶으로 불러주었다. 그래, 여인이 그 다음 한 일은 무엇인가? 그 여인은 자신이 있던 자리로 기어들어가 "오, 정말 좋은 체험이었어" 하지 않았다. 뱃속에서 마술 같은 일이 일어났다. 결코 전과 같아질 수 없었던 것이다. 그때부터 여인은 "내게 무슨 일이 일어났는지 보십시오! 나는 똑바로 설 수 있습니다. 나는 희망과 비전을 보았습니다. 그 누구도 나를 다시 꿇어앉히지 못할 것입니다!" 하고 말하면서 돌아다녔다.

그리고 그 눈에서는 빛이 나왔는데, 그 빛은 한때 그녀처럼 풀죽은 사람들 눈에 띄었다. 이제 대담한 이 작은 여인은 말하기 시작했다.

"일어나십시오! 괜찮습니다. 나는 여행에 대해 알고 있습니다.

일어나십시오!"

그렇다. 오늘날 여성들도 그렇게 해야 한다. 그들은 구석에서, 어둠 속에서, 두려움 속에서 나와야 한다. 그들은 군중이 아무리 적대적이더라도 목숨을 건 여행을 해야 한다. 온전성을 향한 육감에 밀려 그 여행을 하는 여성은, 어느 누구도 풀이 죽어서는 안된다는 것, 어느 누구도 굶주려서는 안된다는 것, 어느 누구도 집 없이 떠돌아다니거나 추위에 떨지 말아야 한다는 것을 안다. 우리는 이러한 것들을 뱃속에서 느낀다. 그렇지만 다른 사람과 함께 걷기 전에 자신만의 여행을 해야 한다. 그래야만 하느님께서 우리와 함께 계시다는 기쁜 소식, 이 땅에 하늘나라를 건설하기 위해서는 결국 우리 모두가 일어서야 한다는 기쁜 소식을 우리 형제자매들에게 전할 수 있다.

거기 깊은 숲속에는
발자국이 하나도 없었다.
그리하여 나는
그 길을 택했다.

산 파 들

여성이 일어서서 온전성과 정의 그리고 존엄성을 위해 노력할 때 엄청난 일이 일어난다. 배가 흔들리기 시작한다. 여성이, 강력한 여성의 힘이 일어나서 새로운 존재방식에 몸바칠 때, 체제가 움직이고 변화하기 시작한다. 우리 아이들이 유린당하고, 자매들이 감옥에 갇히고, 딸들이 뚜쟁이질하는 것을 보고, 우리 여성들이 부엌에, 뒷줄에, 침실에 머물기를 거부하면, 세상은 서서히 변하기 시작한다.

여러 세기 동안 여성들은 이런저런 방법으로 체제에 대항하여 일어섰고, 불의한 법에 복종하기를 거부했다. 출애굽기를 보자. 모세를 모르는 사람은 없다. 사람들은 모세에 대해 말한다. 그는 이스라엘 백성의 위대한 예언자, 위대한 영도자였다. 그렇지만 시프라와 푸아에 대해 아는 사람은 별로 없다. 시프라와 푸아, 그들은 누구인가? 그들의 이야기는 무엇인가? 그 이야기가 오늘날 여성들에게 말해주는 바는 무엇인가?

이스라엘 백성이 이집트에 잡혀가 노예생활을 하고 있을 때, 파라오는 히브리 백성의 수가 점점 늘어나는 것을 보고 말했다. "안되겠다. 폭동을 일으킬지도 모른다. 인구를 조절해야겠다."

그리하여 파라오는 이스라엘 백성의 산파 시프라와 푸아를 불러서 말했다. "히브리 여인이 아이를 낳을 때마다 거기 있다가,

그 아기가 사내아이이면 목졸라 죽여버려라."

"알겠습니다." 히브리 산파 시프라와 푸아는 말했다. 그러고는 아이 받는 일을 하며 돌아다녔다. 세월이 흘렀다. 이집트 왕이 관찰해 보니, 히브리인의 수는 점점 늘어나기만 했다. 왕은 생각하기 시작했다. "시프라와 푸아는 무얼 하고 있는가? 그리고 내 명령은 어찌 되었는가?" 왕은 그들을 불렀다.

"내가 너희들에게 히브리 사내아이들을 죽여버리라고 명령하지 않았느냐!" 그러자 시프라와 푸아가 말했다.

"오, 전하, 그건 너무너무 어려운 일입니다. 진통중에 있는 히브리 여인들의 연락을 받을 때마다 우리는 달려갔지요. 그런데 그들은 너무 튼튼하고 억세서 이미 자기 스스로 해산한 다음이었습니다. 그래서 아기를 가로챌 수가 없었습니다!"

아, 여성은 불의한 법을 빠져나갈 수 있는 길을 알고 있었다. 얼버무리고, 요리조리 빠져나가고, 필요하다면 직접 저항하지 않아도 되는 길을 발견하면서 … 시프라와 푸아는 억압적인 법에 복종하지 않았다. 그들은 왕과 법을 속였다. 그리하여 모세가 태어났다. 그 아기가 아들인 것을 본 그 어머니는 "아기를 숨겨야겠다"고 말했다.

어머니는 바구니를 만들어 아기를 넣고는 강물에 띄웠다. 그리고 딸 미리암을 불렀다. 미리암은 나일 강에 떠내려가는 아기를 몰래 따라가며 지켜보았다. 파라오의 딸이 강가로 와서 바구니에 있는 아기를 보고 말했다. "이 아기를 몰래 키워야겠다."

이렇게 해서 위대한 해방자, 위대한 영도자 모세가 태어나 자라게 되었다. 시프라, 푸아, 어머니, 미리암, 파라오의 딸! 이 다섯 여인이 그를 살리기 위해 뒤에서 조용히 음모했기 때문이다.

위대한 남성 뒤에는 위대한 여성이 있다고 한다. 그 여인들이 조용하면서도 용기있게 일하지 않았다면, 우리는 모세라는 이름을 들어보지 못했을 것이다. 그런데 우리는 모세 이야기는 들었지만 그 여인들의 이야기는 듣지 못했다. 우리는 앞서간 여인들 — 역사와 성서에서 능력있는 여인들이 행한 중요한 역할을 알 필요가 있다. 그들은 영향을 미쳤던 것이다. 우리는 그것을 잊으면 안된다.

정치적으로 옳지 않은 마리아

예수가 첫번째 기적을 행한 것은 가나의 혼인잔치에서였다. 결혼 잔치가 있어 마을 사람들이 모두 모여들었다. 예수는 친구들과 함께 술을 마시고 있었다. 마리아 역시 다른 여성들과 함께 즐거운 시간을 보내고 있었다. 그러면서도 식탁과 술자리에서 눈을 떼지 않았다. 여성들은 그렇게 실제적인 일을 염두에 두고 있기 때문이다. 여성들은 본능적으로 접대하는 일에 관심이 있고 먹을 것과 마실 것이 충분히 있는지 확인한다.

마리아는 술이 떨어져가고 있다는 것을 알아차렸다. 아무도 그 사실을 모르고 있었다. 남자들은 농담하고 무용담을 늘어놓으며 술을 마시고 있었다. 마리아는 예수에게 다가가 어깨를 툭툭 치면서 말했다. "애야, 술이 떨어져가고 있구나."

그 공동체의 관습이나 문화에 따르면 마리아가 한 일은 사회적으로 볼 때 옳지 않았다. 성인 여성이 사람들이 많은 데서 성인 남성에게 말을 건다는 것은 용납되지 않았다. 여성들은 아무 말도 하지 말고 침묵을 지켜야 했던 것이다. 그런데 여기 이 여인은 감히 자기 아들에게 다가가서 모든 친구들 앞에서 "애야, 술이 모자라는구나" 하고 말하는 것이다.

예수는 아주 당황하고 불쾌했다. 어머니가 무례하다고 생각했다. 모욕감을 느낀 아들이 돌아서서 말했다. "여인이여, 그게 나나 당신에게 무슨 상관이 있습니까? 아직 내 때가 오지 않았습니다." 그는 "감히 이럴 수 있습니까? 어떻게 감히 많은 사람 앞에서 말을 걸어 내 친구들 앞에서 나를 난처하게 만들 수 있습니까!" 하고 생각하고 있었다. 친구들은 모르는 체하고 있었다. 마리아가 자기 어머니가 아닌 것을 내심 다행으로 여기고 있을지도 모른다! 그렇지만 마리아는 모성의 힘을 알고 있었으며, 중요한 것은 규정도 아니고, 허용되느냐 마느냐도 아니고, 함께 경축하며 즐거운 시간을 보내는 것이라는 것을 알고 있었다. 그래서 돌아서서 잔치 책임자를 불렀다.

"이리 와서 그가 시키는 대로 하십시오."

예수는 어머니의 고집에 마음이 상했다. 어머니 때문에 선택을 해야 했던 것이다. 그는 그 자리에서 어머니에게 심하게 대할 수도 있었다. 당시 예의와 풍습상 그렇게 할 권리가 있었다. 자기 어머니를 제자리로 쫓아버리면 그렇게 뻔뻔스런 여성을 잘 다루었다고 존경받을 수도 있었다. 문화적으로 "어머니, 저리 비키세요" 하고 말할 수 있었다. 그렇지만 예수는 그렇게 하지 않았다.

나자렛의 예수는 "타인"에게 열려 있었다. 이게 그의 훌륭한 점이다. 그는 다른편을 이해하려고 애썼다. 그는 어머니 말씀에 일리가 있다는 것을 알았다. 그리하여 잔치 책임자에게 말했다. "물을 가져오시오." 규칙보다 환대가 우선이라는 것을 안 어머니의 부름에 따라, 그는 물을 포도주로 바꾸어 사람들에게 나누어 주었으며, 그들은 계속 잔치를 즐길 수 있었다.

우리는 융통성이나 창의성을 허용하지 않는 관료적인 체계에 사로잡혀 경직될 때가 너무 많다. 우리는 쪼그라들어서 건강하지

도 온전하지도 않은 행동양식과 존재방식 속으로 비집고 들어간
다. 이제 여성들은 의문시되고 있는 그 억압적인 관습과 체계에
서 인간 정신을 해방시킬 수 있는 창조적인 대안을 찾아야 한다.
그렇게 하는 데는 틀에 얽매이지 않는 사고가 요구된다! 여성과
어린이들은 사물에 대해 남성과는 다른 관점을 가지고 있으며,
상황에 대해 다른 측면을 제공해 줄 수 있다. 우리는 그 융통성
에 마음을 열어야 한다.

한 종교 교사가 있었는데, 어린이들에게 성서 이야기를 읽어주
고 "그래. 얘들아, 집에 가도 좋다" 하고 말했다. 그리고, 다음날
아이들이 오면 어제 읽어준 이야기를 다시 해보라고 시키곤 했
다. 빌리라는 어린아이가 있었다. 교사는 가나의 혼인잔치 이야
기를 읽어주고는 말했다. "그래 빌리, 그 잔치 이야기를 말해줄
수 있겠니?" 그러자 꼬마 빌리는 말했다.

"저, 여기에 잔치가 있었는데, 예수와 어머니는 저기 무도회에
있었어요. 그때 포도주가 다 떨어졌지 뭐예요? 그래서 마리아가
예수에게 가서 말했어요. '애야, 그들에게 포도주가 떨어졌단
다.' 그러자 예수는 어머니에게 말했어요. '에이, 그건 내 잔치
가 아니잖아요!'"

우리는 때로 긴장을 풀고 상상력 풍부한 관점을 가지고 좀 다
르게 우리 이야기를 볼 필요가 있는 것 같다.

요 한

성서에 여성이 제외되었다고 해서 거기에 여성이 없었다고 생각하면 안된다. 그와는 반대로 아주 많은 여성들이 있었다. 5천 명을 먹이신 기적의 이야기를 보자.

> 그것을 먹은 이들은 여자들과 어린이들 외에 남자들만도 대략 오천 명이었다(마태 14.21).

여성과 어린이들도 친다면 얼마나 될까? 육천 명? 만 명? 만 오천 명? 그 당시 그 문화에서는 여성을 셈에 넣지 않았다. 남성들만 세어 기록하였다.

우리는 여성을 거의 포함시키지 않은 역사와 성서를 물려받았다. 우리에게 전해진 그리스도교 전통과 역사에서 여성들의 이야기는 대부분 삭제되고, 제한되고, 행방불명되었다. 우리는 우리 이야기를 되찾은 다음, 여성도 포함시켰더라면 어떻게 되었을까 하는 관점에서 성서를 재해석해야 한다.

여성들은 소리높여 말해야 한다. 우리 목소리가 약화되는 것을 더 이상 두고 보아서는 안된다. 우리는 질문하고 대항해야 한다. 그렇지만 반드시 부정적이 될 필요는 없고, 왜곡이나 거짓이 있는 곳 혹은 속임수와 억압이 있는 곳에서 도전을 해야만 한다.

나는 매매춘 여성들과 함께 일하고 있는데, 시카고에 있는 매춘굴을 좀 알고 있다. 남성들은 매춘굴에 와서 잠자리를 함께하고 싶은 여성을 택한다. 어느 날 큰 병원에서 있는 모임에 참석한 적이 있었다. 모임의 목적은 빈민들을 위한 의료 기금을 모으는 것이었다. 주요 인사들이 참석했는데, 그중에는 그 병원의 부원장도 있었다. 그는 그 공동체에서 아주 존경을 받는 사람으로서, 체크 무늬의 양복을 입고 있었다. 그가 와서 내 앞자리에 앉았을 때 나는 그를 바라보았다. 그리고 한 번 더 보았다.

"저를 모르세요? 어디선가 뵌 거 같은데요?"

"아닙니다, 저는 당신을 모릅니다."

"오, 아니예요." 내가 말했다. "확실해요. 전에 당신을 본 적이 있어요."

"오, 아니예요, 아닙니다." 그는 말하면서 뒤로 물러났다.

여러분도 기억이 아물아물한 그런 상황이 어떤 것인지 알 것이다. 나는 집에 가면서도 생각했다. … 어디선가 본 게 틀림없는데 … 그런데 그날 밤 잠자리에 드는데 문득 생각이 났다. 그 남자는 매주 목요일 오후에 매춘굴에 오던 사람이었던 것이다.

아, 여성들은 말해야 한다. 거기서 뭐하고 있는 겁니까? 왜 우리 자매들을 학대합니까? 왜 그렇게 입을 다물고 있습니까? 여성들은 감추어진 것, 부인되고 덮여 있는 것을 드러내어 말해야 한다. 사회가 매춘하는 우리 자매들을 죄악시하여 감옥에 가두기를 고집한다면, 우리 형제들도 죄악시하고 감옥에 가두어야 한다.

나의 책 『씨앗이 자라는 소리가 들린다』*I Hear A Seed Growing*에서, 거기에 대해 쓴 시가 나온다.

머리를 물들인 매춘부

저 아래 뒷골목으로
머리를 물들인 매춘부가
5달러에 몸을 팔기 위해
남몰래 나섰다.
(보통은 10달러지만 시대가 어려우니
이것저것 가릴 수가 없다.)
사복 경찰이
머리를 물들인 매춘부에게
손짓했다.
가격과 서비스를 흥정한다.
10달러를 요구하던 매춘부는
할 수 없다는 듯이 … 다섯.
배지가 번쩍였다
그리고 머리를 물들인 매춘부는
침을 뱉고 고함을 지르고,
입술을 악물고 눈물을 삼키며
자동차 맨 뒷칸에 앉은 사람들 사이에 내던져졌다.
그리고는 우리가 그녀를 위해 지어놓은
크고 붉은 감옥을 향해 질주했다.
우리는 그녀 주위에 쇠창살을 드리우고

벽돌 담을 높이 세웠다.
그리하여 우리는 머리를 물들인 매춘부가
슬픔이 변한 분노,
고통이 변한 증오로
울부짖으며
우리에게 침뱉는 것을 보지 않아도 되게 되었다.
우리는 그녀를 공중 십자가에 못박았다.
그러고는 고개를 설레설레 저으며 혀를 끌끌 찼다.
우리는 그녀가
자기가 태어난 치욕 안에서
홀로 죽어가도록 내버려두었다.
그리고 발길을 돌려
신성한 교회 담의 안전한 어둠 속으로 도망하였다.
십자가 위의 여인에게
하느님의 자비를 빌어주기 위해서.

CIVIL CODE
CR2-14
NO LOITERING
OR CONSUMPTION
OF ALCOHOLIC
BEVERAGES
THRU OCT
VACATE
PREMISE
6 A.M.

이

한때 나는 하루 묵어갈 수 있는 쉼터에서 일한 적이 있다. 커다란 지하 숙소였는데, 내가 맡은 일은 문 옆에 있다가 거리의 부랑자가 들어오면 헌 담요를 내주는 것이었다. 어느 날 어떤 남자가 다가오더니 "에드위나, 이가 없는 것 좀 주겠소?" 하고 말했다.

"네?"

"이가 없는 담요 좀 달라구요. 그리고 오줌 자국도 …"

그래서 나는 말했다.

"아, 네 … 알았어요." 그러고는 이가 없는 것을 찾기 위해 담요들을 펼쳐들고 살펴보았다. "여기 있어요. 여기 하나 있네요. 이 담요에는 이가 없어요, 아무것도 기어가지 않아요."

그런데 갑자기 "내가 무얼하고 있는 거지? 여기서 이도 없고 오줌 자국도 없는 담요를 찾고 있다니! 이건 아주 잘못된 일이다" 하는 생각이 들었다. 그래서 감독에게 가서 말했다. "이건 옳지 않아요, 우리는 이 담요들을 매일 세탁해야 해요. 매주가 아니라요. 이 사람들을 이렇게 대해서는 안되요. 좀더 나은 대접을 해야 합니다." 감독은 나를 바라보고 빙그레 웃었다. 그리고 고개를 가로저으며 말했다.

"에드위나, 내가 한마디 할까요? 당신도 나처럼 오래 있다 보면 익숙해질 거요."

우우 … 내 안에서 무언가가 비명을 질렀다. 우리는 거기에 절대 익숙해져서는 안된다! 우리는 "그건 언제나 그래 왔습니다" 하는 말 때문에 기존의 방식을 그대로 받아들여서는 절대 안된다. 이 세상은 그렇게 창조된 게 아닌 것이다! 우리는 빈곤하게 살도록 만들어지지 않았다. 우리는 굶주리게 만들어지지 않았다. 우리는 집 없이 헤매도록 만들어지지 않았다. 우리는 이가 들끓는 담요에서 자도록 만들어지지 않았다. "이게 우리 식이다" 하는 체제를 받아들일 때, 우리는 그 체제의 일부가 되는 것이다. 우리는 억압과 불의, 왜소함의 일부가 되는 것이다.

거기에 절대 익숙해지지 않는 사람은 행복하다.

여성들은 빈곤과 집 없이 떠도는 것과, 억압과 전쟁에 익숙해지기를 거부해야 한다. 우리는 우리 자녀들에게 좀더 나은 것을 낳아주어야 한다. 그리고 권세 있고 권위 있는 사람에게 도전해야 한다. 겁내지 말고 더 나은 방법, 더 나은 삶을 요구하고 주장해야 한다. 우리는 복음의 시로페니키아 여인이 한 것처럼 말해야 한다.

예수는 일주일 내내 강론하였다. 피정 지도를 하였는데, 정말 지쳐버렸다. 자기 말을 이해하는 사람이 하나도 없었던 것이다. 예수는 자기 가족이나 공동체를 이해시킬 때 항상 어려움을 겪었다. 자기 백성들! 요샛말로 "훌륭한 사람들"이 문제였던 것이다. 그들은 기쁜 소식을 제대로 알아듣지도 못하고 받아들이지도 못했던 것이다. 그들은 말씀을 실천하지 않았다. 많은 사람들이 돌아섰다. 제자들조차 "알아듣지 못하겠습니다. 우리에게만 설명해 주시겠습니까?" 하고 말했다. 정말 가망없는 사람들이었다.

예수는 좌절했다. 잠시 쉬지 않고는 견딜 수가 없었다. 모든 것을 정리하기 위하여 물러날 필요가 있었다. 그리하여 낯선 고장 띠로와 시돈, 근교 주택 지역의 주민이 빈민 지역이라 여기는 곳으로 물러났다. 그것은 싸구려 술집이 늘어서 있는 곳, 이방 지역이었다. 그는 허름한 여관을 발견하였다. 그리고 성서에 따르면,

그는 자신이 거기 있다는 것을 아무도 모르기를 원했다.

예수를 탓할 수는 없다. 어떤 여유, 모든 것으로부터 떠날 필요를 느끼는 것, 그리고 자신의 삶과 부르심의 의미를 알아듣기 위해서 애쓰는 것은 너무나 당연한 일이다.

그런데, 여기 어떤 여인, 시로페니키아인, 외국인이 온다. 요즘으로 본다면 흑인 매춘부, 미혼모, 생활보호 대상자, 문맹인이다. 아마도 불법 이민자인지도 모른다. 그녀는 우리가 인정하기 꺼리는 그 모든 것이었으며, 우리가 지나가기 꺼리는 지역에서 살고 있었다. 예수의 백성들도 그 여인을 받아들일 수 없었다. 여인은 멀리서 예수를 알아보았다. 신문이나 텔레비전에서 본 적이 있는 것이다. "나는 당신이 누군지 알아요! 여보세요, 예수님!" 그녀는 큰소리로 외쳤다. "예수님, 이봐요!"

기분이 몹시 울적했던 예수는 아무도 만나고 싶지 않았다. 여인은 소리를 질렀다. "있잖아요, 문제가 생겼어요. 걱정거리가 있단 말이에요." 예수는 말했다.

"제발 좀, 혼자 있게 내버려두시오." 어쨌거나 그녀는 자신의 고향이나 교회 출신은 아니었던 것이다.

"그렇지만 우리 어린 딸 좀 보세요. 그애는 열두 살인데 아파서 죽어가고 있어요. 당신은 무언가 해줄 수 있을 거예요! 제발 낫게 해주세요!"

"아니오! 나는 피정중이오. 기도하고 있단 말이오!" 그녀는 예수의 편이 아니었다. 예수의 집단에 속하지 않았다. 그녀는 예수의 상자에 들어 있지 않았던 것이다. "나 좀 혼자 있게 내버려두시오!"

그렇지만 그 여인은 끈질기게 들러붙어서 떠나려 하지 않았다. 집에 가려고도 하지 않았다. 자기 딸을 살리고 싶었던 것이다. 예수의 관심을 끌 만한 신분도 아니고, 보잘것없는 여인에 지나지 않으면서도 집적거리며 괴롭혔다. 그리고 이 중요하고 유명한 인물에게 감히 말했다. "제 말 좀 들어보세요.!" 아무것도 아닌 주제에 입을 다물려 들지 않았다. 예수는 점점 화가 났다. 무엇보다도 피정을 하고 있는 중인데 … 마침내 예수는 여인을 향해 화난 목소리로 외쳤다.

"여인이여, 자녀들에게 주기 위해 식탁 위에 차려둔 빵을 개에게 주는 게 옳습니까? 제발 저리 좀 가시오!" 사람보고 개라고 하다니, 나자렛의 예수는 신사가 아니다. 여인도 만만치 않았다.

"제발, 선생님! 식탁 아래 있는 개에게도 부스러기는 줄 수 있지 않나요? 아래 있는 보잘것없는 사람도 잊지 마세요." 그러자 자기 문제, 피정에만 골몰하던 예수, 자기 백성, 자기 공동체 ― 이스라엘 백성만 생각하던 나자렛의 예수는 여인의 말에 정신이 번쩍 났다.

"뭐라고 했지요?"

"보잘것없는 사람들을 잊지 마시라구요." 여인은 말했다. 그러자 예수는 자신에게 무슨 일이 일어나고 있는지 분명히 깨닫기 시작했다.

"죄송합니다. 좀 피곤해서요. 내 일에만 골몰해서 왜 여기 있는지조차 잊어버렸군요." 그의 태도가 180° 바뀌었다. 가나의 결혼잔치에서처럼, 여성의 충고를 받아들여 의식을 확산시킨 것이다. 예수를 제자리로 돌아오게 한 사람, 자신의 사명과 책임으로 돌아오게 한 사람은 보잘것없는 이방인 여성이었던 것이다. 그리고 예수는 돌아서서 말했다. "당신 딸은 나았습니다."

예수는 일단 옳은 일이라는 것을 알면 즉시 마음을 바꾸었다. 이 여성, 보잘것없는 존재에 의해서도 자신의 제한된 시야를 넘어 힘차게 나아갈 수 있었던 것이다. 하느님은 이렇게 일하신다. 하느님은 목소리가 없는 사람에게 힘을 못 주셔서 안달이고, 굴복당한 사람을 일으켜 주시기를 몹시도 원하신다. 그리고 처져 있던 사람이 일어서면, 용감히 앞으로 나가기만 한다면, 우리가 "타인" — 이해할 수 없는 다른 이에 의해 변화되도록 허용할 수 있다면, 온갖 일이 일어난다. "보잘것없고" 소외된 여성은, 우리 지도자들과 정부 관리들 그리고 주교들에게 해야 할 일을 과감히 일깨워주어야 한다.

어느 날, 내가 매매춘 여성들을 위한 "창조의 집"에 앉아 있는데 누군가 문을 두드렸다. 문을 열어보니 아름다운 금발의 여성이 울며 서 있었다. 키가 크고 늘씬한 콜걸이었다. "도와주세요! 거리에서 벗어나고 싶어요!" 물론 나는 문을 활짝 열고 맞아들였다. 그녀는 들어와 앉았다. 그리고 거리의 이야기를, 근친상간, 폭력, 강간 등 그 많은 여성들을 파괴로 몰아가는 그 모든 일들을 들려주었다. 그녀 이름은 안나였다. 나는 말했다.

"안나, 우리와 함께 지냅시다. 당신은 새로운 삶을 시작할 수 있어요!"

"오." 안나는 말했다. "새로운 삶의 시작이라 …"

"그래요, 당신은 다시 시작할 수 있어요."

안나는 기뻐 어쩔 줄을 몰랐다. 그녀는 "창조의 집"에 와서 우리와 함께 살았다. 그런데 며칠이 지나자 다른 여성들이 수군거리며 불평했다. "안나가 마음에 들지 않아요. 안나는 우리와 같지 않아요. 안나와 한지붕 아래 살기 싫어요." 그들이 안나를 받아들이지 않는 것을 보니 슬퍼졌다. 나는 안나를 유심히 살펴보기 시작했다. 그러고는 어느 날 안나를 불러 함께 이야기를 나누었다.

"안나, 당신 내게 솔직히 말하지 않았지요?" 안나는 머리를 끄덕이더니 눈물을 흘리기 시작했다. 그리고 흐느껴 울었다.

"예."

"안나, 당신 남자지요?" 안나는 고개를 끄덕이고 나를 쳐다보았다. 눈물이 흘러내리고 있었다. "왜 말하지 않았어요?" 나는 다그쳤다.

"내가 누구란 것, 내가 동성연애자라는 것을 말했다면 당신은 나를 절대 이 집에 들여놓지 않았을 거예요. 그렇지 않아요?" 나는 그 질문에, 그 도전에 말문이 막혔다. 나는 조목조목 따지며 방어하기 시작했다.

"그런데, 안나, 당신도 알다시피, 이 집은 여성들을 위한 집입니다. 말하자면, 우리는 여성들하고만 일합니다. 내 말은 …" 그리고 나는 "당신은 우리 상자, 우리 범주 … 에 속하지 않고 맞지 않는다구요" 하고 말하고 있었다. "그래요! 당신이 누군지 알았다면 이 집에 들여놓지 않았을 거예요!"

아! 엄청난 자비의 하느님은 말씀하신다. "내 왕국은 모든 사람의 것이다! 그들을 모아들여라! 유대인과 팔레스타인 사람, 동성연애자와 이성연애자, 흑인과 백인, 남성과 여성, 외국인과 내국인 … 그들 모두를 사랑하라. 나는 도전한다." 도전하시는 하느님, 거대하고 거대하신 하느님은 우리에게는 너무 크시다! "그들 모두를 사랑하라고 도전한다."

"예, 압니다, 하느님." 나는 저항한다. "그렇지만 보시다시피, 우리에게는 거룩하고 공번된 교회, 로마 가톨릭 교회가 있고, 상자들이 있고, 거기에는 특정한 사람들이 있습니다. 제 말은 당신은 그들 모두가 당신 나라에 정말 들어오기를 원하시는 게 아니라는 말입니다."

"아니다." 이 하느님은 말씀하신다. "내가 낳은 것들을 보아라. 내가 창조한 것을 모두 사랑하여라. 그들은 나에게 속한다." 아! 나는 스스로를 아주 탁 트인 사람이라고 생각했다. 나는 내가 해방된 여성이라고 생각했다. 우리는 아무런 경계도, 제한도, 상자도 모르시는 하느님께 이르는 머나먼 여행을 해야 한다. 우리가 목적지에서 만나는 하느님은 우리가 여행을 시작할 때 만난 하느님이 아닐 것이다.

"안나, 우리와 함께 있어요. 우리는 당신이 필요해요." 우리는 회개하기 위해서 당신이 필요하다. 우리는 복음화하기 위해서 당신이 필요하다. 그렇다. … 우리는 자녀들을 모아들이는 어머니처럼 그들을 모두 모아들여야 한다.

나는 체제를 들여올 뻔했다. 나는 우리가 더러운 것과 함께, 이와 함께 살아야 한다고 말하는 존재방식에 흡수될 뻔했다. 나는 "이 사람들은 괜찮은데, 저 사람들은 안된다"고 말하는 존재 방식에 흡수될 뻔했다. 허용되는 것과 허용되지 않는 것. 우리는 형제들에게 갇힌 이들을 풀어주어야 한다고 말해야 한다. 성전환 자를 받아들여야 한다고, 동성애 공동체를 모아들여야 한다고, 흑인들을 모아들여야 한다고, 가난한 사람들을 모아들여야 한다고, 강간의 희생자들을 일으켜 세워야 한다고, 근친상간의 희생 자들을 포용하고 치유해야 한다고 … 우리는 그들 모두가 존엄성 과 충만함 그리고 온전성에 불림받았다고 말해야 한다.

우리는 낳아야 하는 것이다.

예수, 하느님의 아들

예수, 살아 계신 하느님의 아들이
기진맥진하게 지쳐서
혼자 울부짖으며 절규하기 위해
실패한 사명을 애석해하며
아무도 모르는 한적한 곳으로 피해 갔다.
사람들은 독설을 퍼붓고
숨이 넘어가라 웃으면서 조롱한다.

그런데 그 여인은 마치 도망자처럼
어둠 속으로 빠져나가는 예수를 보고,
그를 알아본 기쁨에
크게 외쳤다.
"예수여, 하느님의 아들이시여!
날 때부터 앓고 있는
내 딸을 고쳐주십시오.
가난한 흑인 아이입니다."

성직자는 무례하게 쳐들어온 이방 여인을
힐난하는 눈초리로
돌아보았다.
"저리 비키시오!" 그는 큰 소리로 외쳤다.
"우리 사유지를 침범하지 마시오.
이 신성한 장소는 우리 것이지
당신 것이 아니오. 아니란 말이오!"
하느님의 아들, 예수가 소리 질렀다.

그 여인은 분노로 경직되었고
눈은 진실로 빛났다
"당신의 사유지와 신성한 영역은
내 것도 됩니다." 그녀는 말했다.
"우리 모두는 치유받을 권리가 있습니다.
흑인, 부자, 가난한 자, 백인,

그걸 잊지 마시오!" 그녀는
하느님의 아들,
예수에게 말했다.

예수는 돌아서서 그 여인을 찬찬히 살펴보았다.
그의 영혼은 여인의 말을 서서히 이해하고 있었다.
"오, 여인이여, 나는 당신을 위해서 왔습니다,
성스러운 영역이나 사유지를 위해서가 아니라
흑인이나 백인, 부자나 가난한 사람 상관하지 않고
모든 인류를 위해서 왔소.
당신 딸은 치유되어 건강해졌소."
하느님의 아들 예수가 말했다.

마르타의 열쇠는 어디 있는가?

우리는 어떤 일이 있더라도 새로운 것을 낳아야 하고 죽음이 있는 곳에 생명을 가져다주어야 한다. 요한 복음에는 마르타 이야기가 나온다. 마르타는 주부였다. 훌륭한 요리사였다. 부엌에서 그녀를 따를 사람은 아무도 없었다. 그녀는 장보기와 손님대접하기를 좋아했고, 예수와 그 친구들에게 새로운 요리를 마련해 주려고 애썼다. 마르타에게는 마리아라는 동생이 있었다. 마리아는 조용하고 내성적이었으며 거의 모든 시간을 도서관에서 보냈다. 그녀는 매일 일기를 썼고 항상 내면으로 향하는 피정을 하였다. 조용하고 작은 일. 어쨌든 마르타와 마리아는 사이가 좋았고, 그들에게는 라자로라는 오빠가 있었다. 그들은 모두 예수의 친한 친구들이었다. 그래서 예수가 마을을 지날 때면 그 집에 들러 마르타가 특별히 마련한 식사를 하거나 한 잔의 커피를 마시는 등 휴식을 취하곤 했다. 그들은 정말 가깝고 친한 사이였다.

그런데 사건이 생겼다. 라자로가 자리에 누운 것이다. 그런데, 정리하고 관리하기를 좋아하는 마르타는, 라자로가 앓아 누워 있으니 약이나 꽃 등을 가지고 올 수 있느냐고 친구들과 가족들에게 편지를 보냈다.

그때 예수는 피정 지도를 하느라 그 지역에 없었다. 그래서 마르타는 편지를 썼다. "라자로가 아픕니다. 와서 몇 마디 해주세요." 예수는 제자들과 함께 사목활동을 하느라 경황이 없을 때 이 편지를 받았다. 그렇지만 보시다시피 예수의 마음은 딴데 있었다. 손님과 강연 그리고 할일에 꽉 매인 것이다. 그리하여 편지는 책상 위에 그대로 놓여 있었다. 피정이 끝날 무렵에야 편지 생각이 났다. "돌아가야겠다. 라자로가 어떤지 가봐야겠다." 예수는 피정 팀에게 말했다. 갑자기 라자로가 죽었을지도 모른다는 생각이 들었다. 그래서 제자들에게 말했다. "빨리 가보자!"

그들은 서둘러 달려갔다. 그런데 누가 그들을 기다리고 있었겠는가? 솟아오르는 분노와 슬픔을 억누르며 묘지에 서 있던 마르타였다. 그녀는 예수가 오는 것을 보았다. 그녀는 시계를 가리키며 말했을 것이다. "도대체 어디에 계셨습니까? 일주일 전에 편지를 보냈는데 … 우편제도에 문제라도 생긴 겁니까? 왜 안 오셨어요?" 요한 복음에 따르면 마르타는 계속해서 말한다. "당신이 여기 계셨다면 라자로는 죽지 않았을 겁니다!"("아," 여인은 말한다. "죽음은 없었을 겁니다."). "그렇지만 지금이라도 당신이 하느님의 이름으로 구한다면 무엇이든 이루어질 겁니다. 당신은 하느님의 아들 그리스도이기 때문입니다."

그러고는 마리아를 데리러 서둘러 도서관으로 갔다. 그들은 예수와 함께 라자로의 무덤 곁에 모여 섰다. 메시지는 분명하다. "당신은 그리스도입니다 — 당신은 할 수 있습니다. 하느님께서는 무엇이든 주실 겁니다. 그러니 하십시오!"

예수는 제자들을 둘러보고 확고하게 믿는 태도로 서 있는 그 여인을 보았다. 그리고 마르타의 말에 마음이 움직여 큰소리로 외쳤다. "라자로야, 나오너라!" 그러자 죽은 사람이 일어났다.

신약의 위대한 기적, 죽은 자의 부활! 그리고 그 한가운데 주부인 여인이 있었다. "당신은 살아 계신 하느님의 아들, 그리스도입니다" 하고 말한 사람은 여성이었다. 제자들의 우두머리인 베드로가 같은 말을 했을 때 예수는 "하늘나라의 열쇠를 주겠다"고 하셨다.

그런데 마르타의 열쇠는 어디에 있는가?

왜 똑같은 말을 했는데 열쇠를 가지고 있는 베드로의 모습은 로마에 커다랗게 조각되어 있고, 마르타는 부각되지 않는가에 대해 여성들은 질문할 필요가 있다! 마르타는 어찌되었는가? 그녀의 상像은 어디 있는가? 그녀도 하늘나라의 열쇠를 가질 자격이 있지 않은가? 그리고 베드로는, 예수에 대한 신앙을 고백한 후에도 예수를 전혀 모른다고 딱 잡아뗀 적이 있지 않은가! 그것도 세 번씩이나. 그런데도 베드로는 열쇠를 가졌고 마르타는 가지지 않았다. 여기에 기본적인 부당함이 진행되고 있다. 그 여인은 끝까지 예수께 충실했다. 그렇다고 해서 남성의 가치를 무시하자는 소리는 아니다. 그저 공정해지자는 것이다. 간음을 하다 들킨 두 사람을 대하는 데도 이런 불공정한 태도가 드러난다. 여성은 잡혔는데 남성은 자기 집에 가서 아이들과 함께 저녁식사를 한다.

역사를 통하여 우리는 이중의 기준을 채택하여 사용하고 있다. 하느님은 그런 것을 용납하지 않으신다. 하느님께서 미소한 자들 — 어린이나 무력하다는 점에서 어린이 같은, 그래서 정당한 것에 대해 고유의 정확한 감각을 가지고 있는 사람들 — 을 일으켜 세우는 데 관심이 많으신 이유가 이때문이다. 하느님께서는 그들을 통하여 "권세가들이 자기들의 이중 기준을 고수하지 못하게 하라. 세상 끝날까지 나는 너희와 함께 있겠다. 앞으로 나와라.
그 구석자리에서 앞으로 나와서 무엇이 옳은지 말하라. 너희는
충실한 백성이 되어야 한다"고 말씀하시며 우리에게 도전하신다.

새로운 창

고린토 전서 14장 34절을 보면 여성은 교회에서 말하면 안된다고 씌어 있다. 그러한 지침이 만들어진 것을 보면 여성들이 교회에서 조용하지 않았다는 것을 미루어 짐작할 수 있다. 그들은 성가신 존재였던 것이다! 그들은 설교하고 가르치고 방언하고 해석하고 있었다. 그들은 하느님의 교회에서 매우 활발하게 활동했다.

그들은 예수 주위에 모여들었다. 우리는 여성들이 어떤지 안다. 그들은 사물에 열중한다. 그들은 말하고 잡담하고 흥분하고 야단법석을 떤다. 그들은 모인다. 미사와 전례에 참례하는 사람의 대부분이 여성인 이유가 거기 있다. 모임을 가지는 것도 여성이다. 신성한 것, 영적인 것을 추구하는 것도 여성이다. 남성은 조직하고 책임지지만, 여성은 가치를 추구하고 도道를 추구한다.

여성은 나자렛의 예수 주위에 모여들었듯이, 규모가 작은 공동체에도 모여들었으며, 신생 교회 공동체의 지도자가 될 때도 많았다. 그리하여 남성들은 "이건 좀 지나치다" 하고 말하기 시작했다. "이 여성들을 제어할 수 없다. 너무 말이 많다. 점점 더 우세해지고 있다. 맙소사, 설교도 하고 있네. 정말 난처하군! 정리하는 게 낫겠다. 새로운 법을 만들자. 새로운 규칙을 만들자. 여성들이 교회에서 입다물라고 하자."

그리하여 여성들은 입을 다물게 되었다. 남성들만 말할 수 있게 되었다. 참으로 서글픈 일이다.

로마서 16장에는 바울로가 초대교회의 주도적인 인물 페베를 어떤 교회에 소개하는 편지가 나온다.

겐크레아 교회의 봉사자로 있는 우리 자매 페베를 여러분에게 추천합니다. 성도답게 그를 영접하시오.

26년 전 나는 우리 교구의 주교님을 찾아가 "부제가 되고 싶습니다" 하고 말씀드린 적이 있다. 그러자 주교님이 말씀하셨다.

"우리 교회에는 여자 부제가 없소."

"왜 그렇습니까?"

"글쎄, 에드위나, 가톨릭 전통에는 여자 부제가 없어요."

"주교님! 제가 알기로는 그렇지 않습니다! 로마서 16장에 보면 바울로가 성도들의 환영을 받을 만한 여자 부제 페베를 소개하는 대목이 나오지 않습니까?"

"글쎄 … 음 … 어쨌든 우리에게는 오랫동안 여자 부제가 없었어요. …"

중요한 것이 빠졌다. 여성들이 어떻게 되었나? 왜 억압받게 되었나? 너무 말을 많이 했기 때문인가? 너무 열심히 믿었기 때문인가? 어린이들과 보잘것없는 사람들을 돌보아주었기 때문인가? 능력있는 여성들이 남성들을 위협한다는 느낌을 주어서인가? 실로 남성과 여성 모두가 손해를 입었다.

루가 복음 15장에는 착한 목자의 비유가 나온다. 어떤 양치기가 하얀 양떼를 치고 있었다. 거기에는 어리고 검은 양도 한 마리 있었다. 그런데 그 검은 양이 없어졌다(나는 없어진 그 양이 가장 똑똑했을 거라고 생각하곤 한다!). 마침내 검은 양을 찾아낸 양치기는 그 양을 꼭 끌어안았다. 그 양치기는 누구인가? 구속자이시며 주님이신 예수, 구원하시는 분이었다. 목자는 어린 양을 구한 것이다. 하느님은 보잘것없는 것들을 구원하신다. 우리는 책이나 성당 스테인드글라스 창에서 착한 목자의 모습을 많이 본다.

이 비유에 잇달아 또 다른 비유가 나온다. 잃었던 동전을 찾은 여인의 이야기다. 지갑이 떨어지자 동전이 굴러떨어져 어디론가 사라졌다. 여인은 동전을 찾아 방 구석구석을 뒤졌고 마침내는 찾아냈다. "보세요, 여기 잃었던 동전이 나왔어요! 나와 함께 기뻐합시다!"

그 여인은 누구인가? 하느님이다. 그런데 제대 뒤의 스테인드글라스 창에서 지갑과 동전을 가지고 서 있는 여인을 본 적이 있는가? 우리는 종교 서적에서 "발견했다!" 하고 말하며 앉아 있는 여인을 본 적이 있는가? 그렇다. 여인은 없다. 그런데 목자는 있다. 하나는 선택하고 다른 하나는 외면하는 이유는 무엇인가? 우리 아이들 중에 지갑을 가지고 앉아 있는 여인이 구원자 하느님이신 것을 아는 아이가 얼마나 될까? 그렇다. 우리는 거룩하신 하느님의 모델로 남성적인 것만 택하였다. 우리가 균형을 잃은 것도 무리는 아니다. 우리가 제대로 대우받지 못하는 것도 무리는 아니다.

BEHOLD · I · HAVE · FOUND · IT · !

마태 복음 13장에는 씨뿌리는 농부의 이야기가 나온다. 그는 양 옆으로 씨앗을 뿌리고 있다. 어떤 씨앗은 바위투성이 땅에 떨어지고, 어떤 씨앗은 비옥한 땅에 떨어진다. 씨뿌리는 사람은 구원자, 씨뿌리고 거두시는 하느님이다. 성당 스테인드글라스에서 씨뿌리는 농부의 모습을 본 적이 있지 않은가. 종교 서적에도 이 비유가 나온다.

이 비유 뒤에 또 다른 비유가 나온다. 빵 굽는 여인의 이야기다. 앞치마를 두르고 밀가루를 반죽하는 여인이다. 그녀는 주무르고 또 주무른다. 그리고 거기에 누룩을 넣고 오븐에 넣어 빵을 굽는다. 빵이 부푼다. … 빵이 부푼다.

여인은 누구인가? 하느님이다. 그런데 성지나 종교 서적에 왜 빵 굽는 여인의 그림은 없는가? 왜? 누가 선택했는가? 우리는 누가 선택했는지 안다. 우리는 상징과 삽화 그리고 상像의 중요성을 안다. 수백 년의 선택을 통하여 하느님은 백인 남성이 되었다. 주부와는 아무 상관이 없다. 빵 굽는 사람과도 아무 상관이 없고 여성들과도 아무 상관이 없다.

우리는 사람들이 왜 그렇게 병들고, 왜 그렇게 굶주리는지 알고 싶어한다. 그리고 스스로에게 묻는다. "내게 부족한 게 무언가? 차 한 대가 더 필요한 게 아닐까? 유가증권을 더 사들여야 하나? — 시 채권은?"

사람들은 영적인 굶주림을 절실하게 느끼고 있다. 나는 여성적인 차원 — 여성과 남성, 흑인과 백인, 어둠과 빛, 땅과 하늘, 이 모든 것이신 하느님으로부터 오는 온전성이라고 하는 중요한 것이 빠졌다고 생각한다. 그것은 온전성으로, 여성들이

균형이 깨지고 정의롭지 못한 세상으로 불러내며 품어야 하는
것이다. 여성은 우리 교회와 사회 그리고 삶에 균형을 되찾아
주기 위해, 하느님의 여성적인 측면을 재발견해야 한다. 우리
는 남성들이 자신들을 모상으로 만든 하느님, 질서와 힘이라는
이름으로 온갖 형태의 폭력과 억압을 묵과하고 시인하는 하느
님을 그대로 받아들여서는 안된다.

교리반에서 하느님에 대해서 어떻게 배웠는지 기억나는가?
교리서는 이렇게 시작한다.

하느님은 누구신가?

우리가 암기해야 할 대답은 다음과 같았다.

하느님은 스스로 존재하시고 그 완전하심에 무한하신 최고의
영이시다.
질문: 하느님은 왜 당신을 만드셨습니까?
대답: 하느님은 내가 당신을 알고, 당신을 사랑하고, 이 세상
에서 당신을 섬기며 영원토록 당신과 함께 기뻐하게 하시기 위
해 나를 만드셨습니다.

그것은 우리에게 아무런 의미도 없었다. 하느님은 오늘날 젊은
이들에게 거의 의미가 없는 존재다.

어떤 사람이 죽어서 하늘나라에 갔다. 그는 하느님께 여쭈었
다. "왜 나를 만드셨습니까?" 하느님이 대답하셨다.

"내가 원했기 때문이지!"

우리는 너무 복잡하다. 하느님을 너무 복잡하게 만들었다. 정의하고 통제하는 데 너무 집착해서, 모든 정의들과 전례들 그리고 규칙들 안에 하느님을 묻어버렸다. 하느님은 계시다. 우리는 그게 너무 간단하다고 여길지도 모른다. 앨리스 워커는 『컬러 퍼플』*The Color Purple*에서 하느님에 대해 매우 아름답고 단순한 이미지를 보여주고 있는데, 그것은 우리 관심을 끌기 위해서 끊임없이 애쓰고 우리 사랑을 받기를 원하는 하느님의 모습이었다.

그런데 일단 우리가 하느님의 사랑을 받는다고 느끼면, 우리는 우리가 좋아하는 것을 가지고 그분을 기쁘게 해드리기 위해 최선을 다하지요. 하느님이 당신을 사랑하는데, 당신은 그분을 위해서 아무것도 하지 않았다고 말하고 있군요? 내 말은, 교회에도 가지 않고 성가대에서 노래하지도 않고, 복음을 전하는 사람을 대접하지도 않는 것 같은 거 말예요.

그런데 하느님이 우리를 사랑하신다면, 셀리, 내가 그 모든 걸 다 할 필요는 없어요. 내가 내키지 않는 한은 말예요. 하느님이 원하시는 일이라고 여기면서 할 수 있는 일은 얼마든지 있지요.

예를 들면 어떤 거요? 나는 묻는다.

오, 그녀는 말한다. 나는 누워서 그저 작은 일들로 찬미하지요. 기뻐하고, 즐겁게 지내세요.

그녀는 말한다. 셀리, 솔직히 말해 교회에서 하느님을 본 적

이 있어요? 나는 한 번도 없어요. 그분을 보고싶어 하는 사람
들의 무리는 보았지요. 하느님을 느꼈다면 그건 내가 모시고
간 거지요. 다른 사람들도 그랬을 거예요. 그들이 교회에 오는
것은 하느님을 나누기 위해서지 하느님을 찾기 위해서는 아니
니까요.

『컬러 퍼플』, 앨리스 워커
워싱턴 스퀘어 프레스 1982

해변에서의 아침식사

우리 어린이들이 떠들지 않고 우리 노인들이 졸지 않도록 활기찬 전례, 참신한 전례를 생각해 내야 한다. 우리는 사람들이 의미를 발견할 수 있고 또 그들의 삶에 와닿는 방법으로 성스런 것을 전례화하는 일을 해야 한다.

자원 선교사 운동Volunteer Missionary Movement의 우리 평신도 선교 공동체들은 20년이 넘도록 전례를 새로 만드는 일을 해왔다. 우리는 전세계에 퍼져 있는 수많은 작은 공동체들과 함께, 일하고 기도하고 전례화하는 일을 조용히 해온 것이다. 사람들은 색다르면서도 의미있는 방법으로 양식을 얻을 필요가 있기 때문에 우리는 전통적이고 남성적인 전례들말고 다른 양식으로 전례들을 만들고자 노력했다.

부활절이 다가올 무렵 우리 평신도 공동체는 성 목요일 전례를 준비하고 있었다. 주교님은 우리 피정 센터의 대지에 작은 집을 가지고 계셨다. 나는 정원을 산책하다 주교님과 마주쳤다. 나는 주교님들과 자주 마주친다. 주교님은 우리 평신도 선교 센터에서 무슨 일이 일어나고 있는지 항시 궁금해하셨다. 왜냐하면 그분은 이 모든 남녀가 먼 나라에서 오가며, 함께 기도하고 일하고, 선교에 종사하고 있는 것을 보고 계셨기 때문이다. 주교님은 "저기서 무슨 일이 일어나고 있는가? 그들은 규칙을 지키고 있는가?"

하고 수상쩍게 여기셨음에 틀림없다.

어쨌든 우리는 정원에서 만났는데, 주교님은 "부활절에 무얼 할 겁니까?" 하고 물으셨다.

"글쎄요," 나는 말했다. "우리는 의식을 거행합니다. 성 목요일에는 양고기와 야생초를 넣고 스튜를 만들 겁니다. 그리고 성당에 방석을 깔고 앉아서, 스튜와 누룩 없는 빵을 먹으려고 합니다."

"오, 바닥에 앉아서 스튜를 먹는다고요?"

"그렇습니다."

"음 … 발 씻는 예식도 할 겁니까?"

"네, 할 겁니다."

"그렇다면, 음 … 에드위나, 누가 발을 씻어 줄 건지 물어봐도 되겠습니까?"

"제가 할 겁니다."

"정말입니까? 그런데, 에드위나, 그건 교회의 방침이 아닙니다."

"그렇지만 주교님, 우리 공동체가 나에게 청했습니다."

"그래요, 하지만 그렇게 하면 안돼요."

"이건 우리가 선택한 방법입니다."

"음 …" 주교님은 말했다. "내가 와도 될까요?"

"물론입니다. 오시면 모두들 좋아할 겁니다. 그런데 바닥에 앉는 게 괜찮으실지 모르겠군요."

"아니, 아니, 그건 괜찮아요."

그리하여 주교님이 오시고 우리 모두는 성당 바닥에 접시와 스튜 그리고 빵 등 모든 것을 준비해 놓았다. 정말 놀라운 분위기였다. 촛불이 켜지고, 음악이 연주되고 있었다. 그런데 주교님은 성당 밖에서 천천히 왔다갔다하고 계셨다. 나는 여쭈었다. "괜찮으십니까, 주교님?"

"그건 교회의 방침이 아니예요, 에드위나. 내가 발을 씻어야 할 것 같은데." 가엾은 주교님은 안절부절못했다. 그러고는 갑자기, 영감이 떠오른 듯이 말했다. "좋은 생각이 있어요! 내가 발을 씻어주고 에드위나가 수건으로 닦아주면 어떻겠습니까?" 나는 그분을 바라보며 생각했다. 이분이 발을 씻으셔야겠다. 이분께는 이게 정말 중요한 일이다.

"좋습니다. 여기 수건이 있습니다. 주교님이 씻으시면 저는 수건으로 닦겠습니다."

그건 괜찮다. 우리는 행동의 의미 자체보다 누가 무엇을 하느냐가 중요한 예식이나 전례를 만들어서는 안된다. 그렇게 한다는 것은 특정한 성직계급만이 이것을 하고 주교만이 저것을 하는, 가부장제도가 만들어 낸 문제들을 되풀이하는 것이다.

주교님은 오셨다. 그리고 행복해하셨다. 그분은 대야를 가지고 돌아다니면서 모든 사람의 발을 씻어주셨다. 그리고 공동체는 기꺼이 동참하였다. 발을 씻어주는 사람이 누구냐 하는 것은 그다지 중요한 것이 아니었기 때문이다. 중요한 것은 전례의 상징이었고, 어떻게 우리 삶에 적응시키느냐 하는 것이었기 때문이다.

우리 하느님은 온유하시고 정이 깊으시다. 우리 하느님은 자유로우시고 아무도 배척하지 않으신다. 권력과도 관계가 없고 장벽과도 관계가 없으시다. 동아프리카의 마사이 여인의 노래에서처럼,

하느님은 따뜻하고, 촉촉하고, 짭쪼롬하시다.

오, 전능하신 분, 왕, 주님, 심판자, 아버지 등등의 하느님 개념보다 생생하고 의미있지 않은가? 따뜻하고, 촉촉하고, 짭쪼롬한 하느님을 모시는 것이 좀더 현실적이라고 여겨지지 않는가?

전통적인 아프리카인, 아메리카 원주민 그리고 많은 유목민들은 하느님의 본성을 창조에 뿌리박고 기반둔 것으로, 존재하는 모든 것을 감싸안는 유동적인 본성으로 이해했다. 그런가 하면 지배적이고 "진보했다"는 우리 사회들은, 하느님에 대해 완고하고 배타적인 용어로 정의하고 있다. 그렇지만 하느님은 자녀들이 어머니를 끌어안듯이 그분을 끌어안고 있는 그러한 백성들의 하느님으로 남아 있다. 우리는 그들 안에서 어머니 하느님을 만나는데, 그분은 우리가 영향을 미칠 수 있는 힘을 주실 것이다.

* * *

나는 함께 일하고 있는 매매춘 여성들로부터 많은 것을 배웠다. 교회에 다니고 종교를 가지고 있는 중산층 사람들은 소위 "가난하고", "소외된 사람들"에게 다가간다는 고상한 부르심을 느끼고 넋을 잃을 때가 많다. 우리는 너무 격식을 차리고 자신을 너무 심각하게 받아들인다. 매매춘 여성들은 "이봐요, 에드위나. 긴장을 푸세요" 하고 말할 때가 많았다. 그러면 하느님이 껄껄 웃으시는 소리가 들린다. 그렇다. 우리는 긴장을 풀 필요가 있다. 우리는 세상이 이미 구원되었다는 것을 염두에 둘 필요가 있다. 하느님은 우리를 앞서 가신다.

예수는 겉치레를 하지 않으셨고 중요하지 않은 세부사항에 관심이 없으셨다. 그분은 당신을 대단하게 여기지 않았기 때문에 길가의 평범한 사람들과 거리를 두지 않으셨다. 예수는 현실에 뿌리박고 계셨으며, 부활 후에도 그 "현세적인 것"을 견지하셨다. 요한 복음을 보면 베드로와 제자들은 예수께서 돌아가신 후에 울적하고 낙담해서, 활기를 잃고 의욕이 없는 상태에서 이리저리 돌아다녔다. 그리고 베드로는 "고기나 잡으러 가야겠다"고 말했다. 십자가 사건으로부터 벗어날 수 있다면 무엇이든 하고 싶었을 것이다. 그리하여 그들은 모두 나가서 밤새 그물을 던졌지만 단 한 마리도 잡지 못했다.

새벽녘 그들은 해변가로 노저어 갔다. 거기에 어떤 사람이 손을 흔들며 서 있었다. "어떻게 되었소?" 그는 외쳤다. 베드로의 얼굴 표정을 보면 모든 것을 알 수 있었다. 그러자 낯선 이는 미친 짓 같은 제안을 하였다. "배 건너편에 그물을 던져보는 게 어떻겠소?" 그는 아무것도 해놓은 게 없는 하루의 막바지에 나타나서 쓸데없는 간섭을 하는 똑똑한 체하는 사람들 중의 하나임에 틀림없었다. 그때 베드로는 아무 짓을 해도 소용 없다는 기분이었다. 사는 것도 그렇고 일하는 것도 그렇고 심지어는 고기잡는 것도 의미가 없었다. 그래서 바닷가의 그 사나이가 얼마나 바보인가를 보여주기 위해 그물을 던졌다.

물고기가 가득 차 그물은 거의 터질 지경이었다. 제자들은 두려웠다. 그것은 기적이었다. 그런데 바닷가의 사나이는 가버렸다. 제자들이 그물을 끌고 바닷가로 가보니, 사나이가 모래 위에 쪼그리고 앉아 있었다. 불을 피우기 위해 나뭇조각을 모아들인 것이다. 그는 돌아보며 말했다. "물고기를 좀 가져오시오, 내가 아침식사를 마련하겠소!" 제자들은 그분이 예수라는 것을 알았

다. 부활하신 주님께서 바닷가에서 식사를 마련하고 계셨다.

식사 동안 예수가 베드로에게 물었다. "나를 사랑하느냐?" 똑같은 질문을 세 번이나 했다. 세번째 질문에 베드로가 "그렇습니다" 하고 대답하자 예수께서 말씀하셨다. "그렇다면 내 양들을 잘 돌보아라." 그분은 양들을 어떻게 돌보아야 하는지를 보여주셨다. 허례허식이나 영광이나 예식 없이 하느님의 백성들을 먹이고 자라나게 하는 것이다. 모래 위에 무릎꿇고 앉아서 친구들을 위해 음식을 만들어주는 것은 부활하고 영광받으신 예수님의 아래 있는 것이 아니다. 하느님은 다정하시다. 그분은 당신 백성에게 먹을 것을 주신다. 우리도 어떤 형태로는 그렇게 해야 한다.

그들에게 알려라

어둠의 세력을 쳐부수고
숨막히는 무덤을 밀어젖히면서
그는 묘지로 미끄러져 나왔다.
그리고 향긋한 냄새를 음미한다.

"그들에게 알려라, 마리아." 예수가 말했다.
내가 별 하나 없는 밤의
캄캄한 심연 속으로 멀리 여행했다고.

"그들에게 알려라, 마리아." 예수가 말했다.
두려움이 내 발을 피해 가리라는 것,
대지가 떨고
절망이 땅에 창궐하더라도
나는 그들 손을 꼭 잡고
공포를 뚫고 새로운 탄생을 향해 가리라는 것을.

"그들에게 알려라, 마리아." 예수가 말했다.
이 세상과 만들어진 모든 것은
하느님의 크신 가슴에 꼭 안겨 있다고
비록 쓰러져 죽더라도, 그는 말했다.
검은 흙으로 단단하게 덮여 있어도
이른 아침 햇살에
하느님의 치유하시는 손길이
얼마나 따스한지를 알게 되리라.

"그들에게 알려라, 마리아." 예수가 말했다.
향기로운 냄새를 맡으며,
나와 함께 일어나서
세상의 절망을 치유하자고.

신비주의

한처음 하느님의 영이 있었다. 지혜, 소피아, 히브리어로는 "루아"*Ruah*, 하느님과 공동 창조자가 있었다. 히브리 성서에 의하면 그녀는 춤추기를 좋아했고 놀기를 좋아했으며, 지구·세상·우주를 창조했다. 활력과 상상력이 풍부한 성령은 야훼의 공동 창조자로서 땅을 만들어냈다. 성령은 여성적인 원리였다. 성령은 여성이었다. 히브리 성서에 의하면 성령은 소피아, 지혜라는 이름을 가지고 중요한 역할을 하였다.

소피아, 여성적인 지혜는 처음에는 강력한 힘을 지니고 있었는데, 오늘날 이를 알고 있거나 이해하는 사람은 드물다. 성령을 지혜요 여성으로 이해하는 일은 극히 드물다. 그녀는 서서히 우리 전통에서 물러나게 되었다. 단 하나의, 남성적인 야훼를 선호하는 바람에 소피아는 소외되었다. 왜냐하면 소피아는 너무 다산적이고 놀기 좋아했으며, 너무 창조적이었기 때문에 엄격한 교회 교리에는 맞지 않았다. 하느님 창조력의 여성적인 차원은 규약과 경전 그리고 전례에서 이론적인 근거와 논리를 유지하기 위해 억압되어야 했다. 그리하여 소피아는 주변 그룹, 요한의 제자들, 시인, 예술가와 신비주의자 — 그들은 언제나 좀 길들지 않고 주변에 머물렀는데 — 로 남게 되었다.

소피아는 소외되었으면서도 우리 세계에 부드럽게 현존하고 있었다. 오늘날 우리 의식에는 소피아-지혜가 다시 떠오르고 있다. 조금씩, 깊은 차원에서 지혜의 성령이 나타나고 있는데, 특히 여성들 사이에서 나타나고 있다. 전에는 신비가들, 특히 초기 여성 신비가들에게 있었다.

신비가들은 하느님 최후의 수단이다. 그들은 꿈꾸는 자들이며, 규칙이나 교리에 의해 경직되지 않는 자들이다. 그들은 자신들을 설레게 하는 하느님을 만났는데, 하느님은 인류를 위해서 그들을 황홀한 비전과 희망으로 채워주셨다. 소피아는 온전한 세상을 위해 새로운 꿈과 희망을 찾는 사람들의 마음속에 산다. 도로시 데이, 마르틴 루터 킹, 로메로 대주교 등 …. 소피아는 비전을 보는 사람들과 평화를 이룩하는 사람들 안에서 기뻐한다. 그녀는 그들을 만족시켜 준다. 하느님은 굶주리고 지치고 추구하는 세상에, 신비에 열린 사람들을 통해, 소피아 모습으로 현존하신다. 두렵고 불안정한 세상에서, 남성적인 야훼와 여성적인 소피아에서 나온, 인류를 위한 하느님의 건전한 비전과 꿈을 체험하고 싶으면 긴장을 풀어야 한다.

신비가들은 새로운 비전을 가지고 나타난다. 그들은 사람들에게 "보십시오! 저기 다른 길이 있습니다. 다른 가능성이 있습니다" 하고 말한다. 그렇지만 그들은, 먼저 지독한 절망과 고독을 체험한다. 신비주의 체험은 구원 체험인데, 신비가는 그 체험에서 하느님이 인간 마음 안에서 일으키시는 뼈에 사무치는 고독과 어둠을 알게 된다. 신비가들은 격동에서 솟아나온다. 그들은 "나는 너의 어둠과 고통에도 불구하고 너와 함께 있다"는 하느님의 메시지를 가지고 어둠 속에서 나타난다. 그리고 자기들이 어둠을 체험했기 때문에 스스로도 이렇게 말할 수 있다.

노르위치의 율리아나Julian of Norwich는 1342년에 태어난 영국의 신비가였다. 그녀에게는 이름이 없었는데, 자기가 살고 있는 노르위치 시의 교회에서 이름을 얻었다. 노르위치의 성 율리아나! 흔히 그렇듯이 이름 없는 여성.

율리아나는 예수를 철저히 닮고 싶었다. 예수의 수난을 체험하고 싶을 정도로 온전히 일치하기를 원했다. 많은 사람들이 열정으로 가득 차 있을 때, 성인이나 구루 혹은 예수와 일치하기를 원한다. 나도 10대에는 예수를 닮기를 원했다. 그분처럼 사랑하고 그분처럼 자신을 하느님께 바치고 싶었다. 그리하여 율리아나는 그 열정에서, 하느님에 대한 갈망에서, 예수의 수난을 알고 싶었다. 그리고 딱하게도 정말 예수의 수난을 알게 되었다. 그녀는 병들어 죽을 지경에까지 이르렀다. 하느님과 게임을 하는 것은 현명한 일이 아니다. 하느님은 우리를 진지하게 받아들이시는 것이다.

율리아나가 죽음의 문턱에 이르렀을 때 하느님이 건져주셨다. 하느님은 그녀가 살리라는 것, 그녀와 함께 있으리라는 것을 확신시켜 주셨다. 그녀는 생명과 희망을 강하게 의식하면서 죽음으로부터 빠져나왔다. "무슨 일이 일어났는지 아십니까? 나는 거의 죽을 뻔했습니다. 그리하여 죽지는 않았지만 지옥이 어떤 것인지 알게 되었습니다. 나는 그게 어떤 것인지를 압니다." 그로 인해 율리아나는 하느님이 우리와 함께 계시다는 것을 절실히 체험하게 되었다. 그 지식을 전하는 것은 복음을 전하는 것이다.

회개체험은 공동체에 전해져야 한다. 율리아나는 "나와 예수님, 예수님과 내가 세상의 죄를 위해서 함께 고통받는다"는 개인적인 신심에서, 구원에 이르는 고통과 혼란의 체험으로 옮아갔다. 이로부터 회개가 온다. 율리아나에게 계시된 하느님의 메시지는 모든 사람에게 희망이요 위로가 되었다.

> 나는 모든 것이 잘되게 할 것이다. 모든 것이 잘될 것이다. 나는 모든 것을 잘되게 할 것 같고 모든 것이 잘되게 할 수 있다. 그리고 당신은 모든 것이 잘되는 것을 직접 볼 것이다.
>
> 노르위치의 율리아나: 쇼윙즈(*Showings*) 15장

우리는 누군가가 이렇게 진정으로 말해주기를 절실히 바라고 있다.

율리아나는 백년 전쟁, 농민 반란, 흑사병이 유럽을 휩쓸 때 영국에 살았다. 이 병균을 상상해 보라! 의료 기술도, 의사도, 과학자도 없다는 가정하에 상상해 보라. 무슨 일이 일어나고 있는지 아는 사람은 아무도 없었다. 단지 자기 친구들과 동료들, 친척들이 병에 걸린 지 열두 시간 만에 죽어간다는 사실만 알았다. 1분 전에는 괜찮았는데 죽어 있다. 사람들은 무슨 일이 일어나고 있는지 이해하지 못했다. 공포에 떨었다. 그들은 "하느님이 우리를 벌하신다! 우리는 죄인이다. 우리는 사악하다"고 해석할 수밖에 없다. 에이즈도 이와 비슷한 재앙이다. 그것은 맹렬하게 번지고 있다. 사람들이 죽어가고 있다. 예방하고 치료하려고 애쓰지만, 사람들은 죽어가고 있고 두려워하고 있다. 오늘날에도 중세 시대와 마찬가지로 사람들은 이해하고, 위로받기를 원하며,

사랑깊고 정깊은 하느님이 계시다는 것을 믿기를 갈망한다.

율리아나 시대에 세 가지 역병이 사람들을 위협했다. 그런데 율리아나는 살아남았다. 그녀는 "괜찮다! 괜찮다! 우리는 굴복당했다. 우리는 이렇게 버둥거려야 한다. 그렇지만 괜찮다. 하느님은 여전히 우리와 함께 계시다" 하고 말하면서 살아남은 것이다.

율리아나는 하느님을 "어머니", "위로자이신 어머니"와 같은 말로 표현하기 시작했다. 구사일생으로 살아난 이 여인은 하느님을 부드럽고 위로하는 모습으로 그렸다.

> 하느님은 우리 아버지인 동시에 우리 어머니다. … 둘째 위격, 그분은 우리 어머니신데 … 이제 육적으로 우리 어머니가 되신다.
>
> 노르위치의 율리아나: 쇼윙즈 58장과 59장

율리아나가 사람들에게 설교하고 이해시킬 수 있던 이유는 단 하나, 자기가 무엇을 말하는지 알고 있었다는 것이다. 그녀는 여행을 하고 있었다. 그리하여 오늘날 분열과 억압 그리고 고통의 여정에 있는 여성들은 공동체에 구원을 가져다줄 수 있는 사람들이다. 그들은 우리에게 하느님의 현존을 확인시켜 줄 것이다. 거기에 새로운 삶이 있다. 그 삶은 고통과 투쟁이 있던 곳에 있다.

그런데 중세기 영국 사람들은 에이즈나 흑사병을 진단할 수 없었기 때문에, 자기들에게 죄가 있다고 믿었고 따라서 죄책감을 느꼈다. 이는 교회의 인가를 받았다. 그때 가톨릭 교회는 고백성사를 발전시켰다. 그들은 분노하고 복수하시는 하느님을 진정시켜야 한다고 여겼다. 교회는 "우리는 죄 많은 인간이다. 사악한 인간이다. 따라서 우리는 용서를 청해야 한다"고 말하면서 전 공동체의 의식에 두려움과 죄책감을 불어넣었다.

원죄는 그때 나타나서 우리와 함께 있게 되었다. 인간은 근본적으로 악하기 때문에 벌을 받아 마땅하다. 벌과 죄의식이 채택되었는데, 특히 가톨릭 교회에서, 의식적으로든 무의식적으로든, 사람을 복종시키고, 또 하느님의 생명으로 가득하고 소피아의 기쁨으로 반짝이는 눈을 한 활기찬 사람들이 되기를 겁주는 데 사용되었다. 신비가들은 그렇지 않다. 신비가들은 어둠을 구원과 하느님의 빛을 이해하고 즐기는 길로 찬미하고 받아들였다. 이것이 그들이 전하는 말이다.

율리아나는 하느님이 화낼 줄을 모르신다고 선언하였다. "하느님은 화가 난 게 아닙니다. 하느님은 우리를 해치지 않으십니다! 하느님은 우리가 지혜를 이해하고, 지혜가 무엇을 하는지 이해하는 데 도움을 주고 싶으실 뿐입니다." 하느님은 우리가 고통받지 않을 거라고 약속하지는 않으신다. 한 걸음 더 나아가 우리는 굴복당하지 않을 거라는 비전을 제시했다. 하느님은 우리가 고민하지 않거나 불안해하지 않을 거라고 말하지는 않으셨다. 그리고 그것은 희망의 메시지이다.

율리아나에게 하느님은 인류가 온전성에 도달하는 데 두 가지 커다란 장애물이 있다고 보여주셨는데, 그 하나는 우리가 고통과 짐을 참지 못한다는 것이다. 우리는 어떻게 고통을 대해야 할지 모른다. 우리는 짐을 다룰 줄 모른다. 우리 사회는 "오, 우리는 고통을 모두 없애버려야 한다. 우리는 아픔을 모두 없애버려야 한다. 고통을 겪지 마라, 아픔을 겪지 마라" 하고 끊임없이 말한다. 우리는 우리가 모든 아픔과 질병에 의해 녹초가 되려 하기 때문에 어떤 불안이라도 가라앉히기 위해 이런저런 약들로 대비해야 한다고 믿게 만드는 텔레비전 광고의 습격을 받는다. 메시지는 분명하고 한결같다. 지금 고통받지 않는다면 어떻게 되겠는가? 내일 당신은 관절염, 치질 등 무엇이든 걸릴 것이다. 아픔은 어떻게 해서라도 피해야 한다, 그것이 우리 현실 안에 들어오지 못하게 막아야 한다. 우리는 온갖 차원에서 어둠과 아픔에 대하여 사람들을 마비시키려고 애쓴다.

그러나 고통은 영적 여행에서 아주 필수적이다. 이 세상의 어두운 현실에도 불구하고, 하느님의 현존, 하느님의 빛 그리고 하느님의 은총이 있다는 것을 꼭 알 필요가 있다. 우리는 그 그림자와 어둠을 하느님의 빛과 은총으로 대하고, 포용하고, 통합하기 전에는 온전해지지 않을 것이다.

두번째 장애물은 절망이다. 우리는 너무 빨리 포기한다. 우리 신앙은 너무나도 미약하다. 절망은 희망을 파괴한다. 지혜의 성령, 빛의 성령, 소피아의 성령은 어둠을 뚫고 들어와 말한다. "모든 어둠에는 희망이 있다, 빛이 있다."

특히 여성들은 그것을 자각해야 한다. 우리 안에 빛이 없으면 무언가에 빨려들어 절망에 이르게 된다. 우리는 좌절할 것이다. 우리는 개인적으로 자신에게로 향하는 여행, 아픔의 여행, 세상의 죄, 그렇다, 구식 "죄"를 인정하는 여행으로부터 도피하려 하지 말아야 한다. 우리는 개인적으로만이 아니라 백성, 민족으로 좌절당해야 한다. 개인으로서, 민족으로서, 국가로서, 우리는 굴복당할 것이다. 우리는 구원을 체험하기 위해 굴복당할 것이다.

개인인 우리에게 속한 여행은 민족으로서 우리에게도 속하고 마침내는 민족으로서 체험되어야 한다. 그 시간이 올 때, 우리가 사람으로서 좌절당할 때, 우리 고통을 감당하지 못할 때, 남아 있는 신앙의 빛, 공동체 안에 있는 소피아의 영이 말할 것이다. "괜찮다. 우리는 일어날 것이다. 하느님이 우리와 함께 계시니까." 그때야말로 우리는 변화된 하느님의 백성이 될 것이다.

개인이 이 회개의 여행에서 변화되듯이, 공동체도 이 회개의 여행을 체험해야 한다. 신비가들은 이에 대해 말하려고 애썼다. 우리는 신비가들과 아주 흡사한 길을 가야 한다. 그리고 우리가 그 여정에 충실하는 한 모든 것이 잘될 것이다.

> 하느님 위로의 말씀으로
> 실의에 빠진 자를 치유하라.
> 세속적인 기쁨으로
> 부드럽게 성원해 주어라.
> 실의에 빠진 사람들과
> 즐기고 웃으라.
> 그리고 그들의 비밀스런 요구를
> 당신 가슴의 가장 깊은 침묵 속에 가져가라.

마그데부르크의 메히틸드와 함께하는 명상

하느님 올림픽

몇 년 전, 시카고 어떤 신문에서 나를 특종으로 다루면서 "'이교도의 신랄한 타트'Pagan tart의 혀를 가진, 열심한 가톨릭 신자"라고 묘사한 적이 있다. 그런데, 그들은 어떤 의미에서 나를 "열심한 가톨릭 신자"라고 했는지 모르겠다. 그 점에 대해서는 다른 해석들이 있을 것 같다. "이방 타트"Pagan tart — 글쎄, 영국에서는, 가운데 젤리를 넣은 작은 과자를 타트"tart"라고 한다. 나를 작은 과자라고 묘사한 사람은 아무도 없었는데 ….

나는 그 말에 대해 곰곰 생각해 보고 "최근 몇 년 동안 내가 어떻게 변했는가?"를 생각했다. 어릴 때 나는 정말 모든 것을 잘하고 싶었다. 나는 귀기울이고 배우고 자라기를 원했다. 그리고 매주가 아니라 매일 미사를 간다는 점에서 정말 열심한 가톨릭 신자였다. 나는 매주 토요일 오후에 고백성사를 보았고, 매주 성체강복식에 갔다. 나는 레지오 마리애 활동을 하였다. 그리고 마리아 신심 단체와 성가대에서도 활동하였다. 나는 "네, 네, 네, 가르쳐 주십시오, 말씀만 하십시오. 뭐든지 하겠습니다" 하고 말하면서 그야말로 모든 것을 받아들였던 것이다! 신심 단체에 가입하자 나는 성모 마리아처럼 베일을 쓸 수도 있었다. 그리고 나는 여왕이신 마리아를 위해 행렬을 할 수도 있었고 그 모든 일을 할 수도 있었다. 그리고 그것들은 나에게 무척 중요해졌다. 그렇다, 나는 열심한 가톨릭 신자였다.

그러고 나서 나는 아프리카로 갔는데, 그곳은 내가 들은 바와는 달랐다. 나는 아프리카에 갈 때, 나의 백인 하느님, 남성 하느님, 가톨릭 하느님, 영국인 하느님을 모시고 갔다. 나는 아프리카 사람들에게 하나이신 참 하느님과 하나인 참 교회에 대해 모든 것을 말해주고 싶었다. 그런데 하느님은 나보다 앞서 아프리카에 가 계셨다. 나는 이 사실을 깨닫고 일생에서 가장 큰 충격을 받았다. 하느님은, 이 "가난한" 아프리카 부족들의 삶과 전례에, 바나나 농장, 진흙집, 그들의 환대와 따뜻함 속에 벌써 현존하고 계셨던 것이다. 나는 하느님이 내가 알던 백인, 가톨릭, 영국 남자 하느님보다 훨씬 크시다는 것을 알게 되었다. 아프리카는 나를 변화시키고 의식을 확산시켰으며, 우리 체험과 이해가 자라남에 따라, 하느님이 우리와 함께 자라나신다는 것을 이해하도록 도와주었다. 우리가 여정에 열려 있다면, 하느님은 언제나 "진행중에 계시다".

나는 모든 전통들과 모든 방법들을 모으고, 그것들을 사랑하여 내 것으로 만들었기 때문에 불안해졌다. 그러고 나서 상황이 전환하고 변하기 시작했다. 나에게 현실을 새로운 방법으로 소개해 준 사람들은 아프리카 사람들이었다. 내가 체험하기 시작한 전환은 그리 편안한 것은 아니었다.

옛날 마리아라는 어린이가 살고 있었다. 마리아는 자라나면서 발 대신 손으로 걷기 시작했다. 부모는 이것을 보고 아이가 정상이 아니라는 것, 제대로 자라는 게 아니라는 것이 분명했기 때문에 미칠 것 같았다. 그리하여 심리학자를 부르고, 치료사와 교사들 그리고 상담자들을 찾아가는 등 아이를 위해 열심히 일했다. 그리고 마침내는 아이를 완전히 바꾸어 놓았다! 정상적인 길로 돌려놓은 것이다. 그리하여 아이는 다른 사람들처럼 발로 걷기 시작했다. 부모는 말했다. "정말 놀랍지 않니? 이제 너는 우리와 같아졌다. 이제 너는 다른 사람들과 같아졌다. 너는 우리 모두가 보는 것과 똑같은 방법으로 볼 수 있게 되었다!" 그러자 아이는 말했다. "아니예요. 손으로 걸을 때는 나비와 눈을 직접 마주대고 달리고, 벌레가 내 코에 앉는 것을 볼 수 있었어요."

마리아는 이제 예전과 같은 방법으로 볼 수 없다는 것을 알았다. 이제 그녀는 정상적인 위치로 전환되었다는 것을 알았다. 거꾸로 걸을 때는, 세상에 대해 색다르고 독자적인 관점을 가지고 있었는데 ….

이런 일은 지금도 일어나고 있다. 우리들 특히 여성들 중에는 손으로 걷기 시작하는 사람들이 많다. 우리는 세상을 다른 관점에서 보기 시작한다. 그리고 우리는 "오! 전에는 이런 일이 없었는데!" 하고 말한다. 전에는 감히 생각도 못했던 의견을 말하고 질문하기 시작한다.

그 전환은 위험한 것이고, 우리를 좀 초조하게 만든다. 우리가 배운 하느님과 전통 중에는 지금 체험하고 있는 것과 맞지 않는 것이 많다. 우리는 하느님이 멀리 떨어져 있다고 배웠고, 너무나 멀리 떨어져 있기 때문에 우리 모두가 갈망하는 그분께 도달하기 위해서는 온갖 형태의 기도와 전례 그리고 예배방식과 말과 독서와 피정들을 해야 한다고 배웠다.

마치 우리가 "하느님 올림픽"이라고 포장되어 오시는 하느님을 만들어낸 것 같다. 우리를 뛰어나가게 하는 이 하느님, "나는 너를 사랑으로 만들어냈다. 그런데 나를 알고 싶으면 이 테를 끊어야 하고, 여기를 통과해야 하고, 이 단계를 올라가야 한다. …" 하고 말하는 하느님을 만들어냈다. 그리고 우리는 이 모든 장애를 통과해야 하고 하느님께 이르는 단계를 모두 거쳐야 한다. 우리는 자신을 하느님으로부터 분리시켜 놓고, 그 사이에 이 모든 단계들과 장애들을 놓는다. 그리하여 하느님의 백성은 "나는 절대 하느님께 도달할 수 없다. 나는 거룩함에 도달할 수 없다. 나는 소외되어 멀리 떨어져 있다"고 말하기 시작한다. 대부분 사람들이 이렇게 느낀다. 자기 안에 신성이 있다는 것은 모르고!

세상에 영적 올림픽 같은 것은 없다. 하느님 찾기 같은 것도 없다. 그것은 우리가 만들어낸 것이다. 아마도 잠재의식적으로, 하느님께 이르는 길과 거룩함에 대한 이해를 통제하고 중재할 필요가 있다고 느꼈는지도 모른다. 사람들이 자격이 없다고 느끼거나 하느님께 이를 수 없다고 느낄 때, 우리들 중에는 가련한 "평신도"와 거룩한 존재 사이를 중재할 준비가 되어 있는 사람들이 있다. 여기 이 세상의 평범한 사람들, 하느님을 찾아서 사제관을 두드리는 아줌마, 아저씨에게 권세를 휘두르고 통제할 수 있는 기회가 있다. 보물찾기, 하느님께 이르는 길은 중재자들의 군단에 의해 조작되었다. 그들은 하느님과 아줌마, 아저씨 사이에 서서 하느님과 함께 혹은 하느님 없이 그들 삶에 무슨 일이 일어나고 있는지 말해준다.

그렇다고 해서 영적 지도가 필요없다는 말은 아니다. 그것은 우리 여정의 특정 단계에서 특별하고 의미있으며, 목적이 있고 매우 중요한 역할을 할 수 있다. 내가 말하고 싶은 것은 수많은 하느님 백성들이 하느님으로부터 소외당했다고 느끼는데, 그 하느님이 자신들 안에 살아 계시고 누구나 만날 수 있는 분이라는 것을 깨닫도록 배우지 않는다는 것이다.

앤소니 드 멜로의 『새의 노래』*Song of the Bird*에서는 나귀를 타고 마을로 쏜살같이 내려가는 사나이의 이야기가 나온다. 사람들이 "뭘 하고 있는 거요? 왜 그렇게 서두르시오?" 하고 물었다. 그러자 사나이는 어깨 너머로 소리쳤다.

"나귀를 찾고 있소!"

우리 모두가 그러고 있다. 하느님은 우리 삶과 존재의 구석구석에 친밀하게 관여하시는데도 불구하고, 우리는 항시 하느님을 찾고 있다. 그리고 멀리에서라도 하느님께 다가가고 싶다면, 그 여정이 무척 어렵고 오래 걸리고 또 많은 것을 읽고 공부하고 알 필요가 있다고 배워왔다. 많은 사람들이 "우리는 자격이 없습니다. 우리는 그런 일을 할 수 없습니다. 우리는 성스런 것과 멀리 떨어져 있습니다. 우리는 피정을 떠날 돈도 없고 은신처에서 보낼 시간도 없습니다. 그래서 우리는 거룩함의 근처에도 갈 수 없습니다. 일과 가정 그리고 빚이 우리를 꼼짝 못하게 하는데 어떻게 합니까?" 하고 포기한다.

나는 선택받은 소수만이 피정을 하고 영적 지도를 받을 수 있고 신학 공부를 할 수 있다는 말은 옳지 않다고 여겨왔다. 그것은 가난하고 늙은 할머니는 영적 여행에서 제외된다는 말인가?

전통적인 "종교인들"인 수사와 수녀와 사제들 그리고 하느님을 알고 또 그분께 이르는 여정에 시간과 돈을 투자할 수 있는 사람들만 그 여행을 할 수 있다는 의미일까? 하느님은 이런 방식으로 일하지는 않으시는 것 같다.

얼마 전, 수도자들에게 하루 피정을 지도해 달라는 초대를 받은 적이 있다. 그날이 가까워지면서 나는, "내가 어떻게 그 모든 수녀님들 앞에서 하느님과 기도에 대해 말할 수 있겠는가?" 하고 생각하기 시작했다. 생각하면 할수록 점점 더 불안해졌다. 나는 피정을 많이 하고 신학 서적을 많이 읽은 그 수녀님들에게 하느님을 전할 수 없을 것 같았다. 무슨 말을 해야 하나? 평범한 평신도인 내가 기도, 거룩한 것, 하느님에 대해 무슨 말을 할 수 있단 말인가? 문득 그 일은 내가 할 수 있는 일이 아니라는 생각이 들면서 초조해졌다. 그런데 그때 좋은 생각이 떠올랐다.

아프리카에 관한 슬라이드, 아프리카의 일몰, 산, 호수, 강 등을 찍은 사진을 모으자. 그리고 음악을 곁들여서 시청각 교재를 만들자! 그리고 수녀님들에게 보여주면서 말하자. "음악을 들으며 하느님 창조의 아름다움을 보십시오" ─ 그리고 자리에 앉으면 기계는 나 대신에 일을 해줄 테고, 꽤 오랫동안 나는 곤란한 상황에서 벗어날 수 있겠지. 이렇게 생각하고 나서 한시름 놓였다.

나는 테이프와 슬라이드를 모두 모아서 흐뭇한 마음으로 피정 센터에 갔다. 백 명 정도 되는 수녀님들이 나를 기다리며 앉아 있었다. 슬라이드가 있으니 아무 문제 없다. 좋다. 나는 자신 있었다. 그런데 슬라이드를 꺼내서 검토해 보니 … 다른 슬라이드 세트가 나왔다. 하느님의 웃음소리가 들려왔다. 하하하 …

나는 한대 얻어맞은 기분이었다. 나에게는 아무것도 없었다. 내가 가지고 있는 슬라이드, 테이프, 내가 가지고 있는 것이 모두 피정과는 관계가 없는 것이었다. 그리고 수녀님들은 거기 있었다. "하느님에 대해 말해주시오." 나에게 남은 것은 하느님과 약간의 신앙뿐이었다. 나는 이야기를 꺼낼 수밖에 없었다. 그런데 아무런 버팀목도, 의지할 것도 없어지자, 내 안의 하느님이 해방되었다. 나는 말했고, 나의 하느님을 나누었다.

우리는 변화에 필요한 것, 충만한 삶을 사는 데 필요한 것을 모두 우리 안에 가지고 있다. 문제는 우리가 원하는 것을 간청해 주고 우리를 위해서 중재해 주는 중재자 없이는 거룩해질 수도 없고 하느님께 다가갈 수도 없다고 훈련받고 조건지어진다는 것이다. 항상 이랬었나? 우리는 항상 그렇게 제한되어 있었나? 우리는 언제나 그렇게 불안정했는가? 우리는 우리에게는 아무런 자유가 없게 되도록 그렇게 통제하려 애쓰고 있는가? 우리는 대체로 "이렇게 하시오. 규칙을 주겠소. 신성한 것과 거룩한 것에 대해 말해주겠소. 그러기 위해서는 이 모든 것을 제대로 따라야 합니다" 하는 식으로 배워왔다.

우리는 안정감을 주던 것으로부터 해방될 필요가 있다. 우리는, 하느님의 우주 안에서 우리 자신을 확장하도록 허용하고, 자신의 개인적이고 독자적인 가능성을 믿을 수 있도록, 우리 앞에 놓여진 불안정과 의혹으로 가득한 길들을 버려야 한다. 우리는 관점을 달리할 필요가 있다. 우주의 발달을 보면, 우주는 150억 년 동안 진화해 왔는데, 두 개의 다리를 가진 작은 인간은 잔치의 가장 마지막 순간에 나타났다는 것을 알 수 있다. 우주의 관점에서 보면 우리는 겨우 진화하고 성장하기 시작한 것이다. 그런데 우리는 "자, 도달했다. 이젠 우리 세상이다. 우리가 주도권을 쥐고 있다. 우리는 모든 것을 알고 있다. 우리는 모든 걸 다 깨달았다!" 하며 활개를 치고 있다. 우리는 우주, 하느님의 말씀, 하느님의 창조물이 우리 없이도 수백억 년을 잘 지내왔다는 것을 까맣게 모른다.

우리는 이렇게 오만한 태도로 하느님, 거룩한 것, 심지어는 인간의 운명을 정의하는 과정에서, 우리가 아니라 하느님이 다스린다는 것을 깨닫는 데서 오는 놀라움과 경외심을 잃어버렸다. 하느님이 펼쳐보이시지 않는 과정은 무궁무진한데 ….

거룩해진다

우리는, 우리 안에 계신
하느님을 알아봄으로써 거룩해진다.

하느님은 모든 이 안에 그리고 모든 것 안에 계시다.
그런데 그분의 현존은
인간이 알아볼 때만 드러나신다.
아, 그때!
우리에게는 세상을 거룩하게 할 수 있는 힘이 생긴다.

INDULGENCES
MAGISTERIUM
TRANSUBSTANTIATION
EPISCOPACY
ASSUMPTION

처녀, 어머니, 노파

어떤 과학자들이 커다란 병에 벌들을 집어넣었다. 붕붕 … 병 안의 벌들! 그러고 나서 뚜껑을 덮었다. 그러자 벌들은 계속해서 붕붕거리면서 본능적으로 자신들의 경계를 알게 되고, 또 항아리 안에서 자기들의 공간을 의식하게 되었다. 한참이 지난 어느 날 과학자들은 뚜껑을 열어보았다. 벌들이 빙빙 돌며 붕붕거리고 있었다. 그런데 뚜껑이 열렸는데도 안에서만 맴돌았다. 그 현실에 고정되어 있었던 것이다. 그것이 현실이다. 벌들은 다른 존재방식이 있다는 것을 상상조차 하지 못했다. 벌들의 전 존재는 병 밖의 새로운 가능성으로 도피할 수 없을 만큼 통제되고 조정되었다.

이와 마찬가지로 우리도 자신의 좁은 현실 안에서 "바로 그거다, 이게 전부야" 하고 붕붕거리며 맴돌고 있다. 우리는 하느님의 엄청난 계시와 우주에 대하여 문을 닫아걸었다. 심지어는 하느님께서 우리와 함께 계시다는 성문 계시인 성서의 규범조차 외면한다. 하느님의 계시는 나자렛의 예수에서 끝났다고 보고, 20세기를 사는 우리는 히브리인들과 예수의 체험을 마지막 계시로 되돌아본다. 어떻게? 하느님의 어마어마한 다산성과 위대하심을 생각할 때 어떻게 그렇게 할 수 있는가? 어떻게 "이게 전부란 말이야, 이 사람들아" 하고 말할 수 있는가? 하느님은 계속해서 당신에게 계시하시지만, 우리는 표징을 보거나 하느님의 지속적인 현존을 직관할 수 있는 훈련을 받지 않았다. 우리는 병의 뚜껑을 닫고 말했다. "이게 전부다!"

그런데 하느님은 예기치 않게 나타나고 계시다. 계시는 끝나지 않았다. 사실 책은 닫히지 않았다. 병뚜껑은 열려 있고, 우리는 거기서 나와 말해야 한다. "하느님은 훨씬 크시다." 오래된 체제를 무너뜨릴 때, 그리고 뚜껑이 열려 있다는 것을 분명히 인식할 때, 붕붕거리며 날기 시작하는 사람들도 있다. 어떤 사람들은 "와!" 하고 외친다.

그런데 병 안으로 돌아오는 사람도 있다. 왜냐하면 저 너머 밖에는 사물들이 너무 크고 무시무시하기 때문이다. 갑자기, 친숙하고 편안하고 안전하던 것이 모두 사라진다. 심지어 이제 자신이 진정 누구인지 몰라 헤매고 있는 사람들도 있다. 전에 병 안에서 안전하고 확실하게 있을 때는 그렇게 어처구니없는 질문은 하지 않았는데. 그런데 갑자기, 꽝! 아! 그 자리옮김은 위험하고 불편하다. 그리고 그것은 우리 배꼽 저 안에서 일어나고 있다.

그것은 오고 있다! 고통스런 죽음과 함께. 성모 신심 단체의 죽음, 전대사의 죽음, 실체변화의 죽음, 연옥의 죽음, 고백성사의 죽음, 몇몇 전례의 죽음, 구체적인 교리와 신조의 죽음, 우리 모상에 따라 만들어진 하느님의 죽음, 우리 제한된 이해와 지각에 따라 만들어진 하느님의 죽음. …

이제 다른 공간, 크고 어둡고 깊은 공간이 있다. 이것은 어린 시절이나 사춘기의 전통이나 방법들이 중요하지 않다는 소리는 아니다. 이 전통들은 여행과 성장에서 필요하고 아름다운 부분이었다. 그렇지만 어렸을 때는 젖을 먹었어도 이제는 고기를 먹어야 한다. 옛날에는 어린이였지만 지금은 어른이다. 그리고 뜻하지 않은 길을 가게 될지도 모른다. 그렇지만 계시를 하느님의 백성들과 함께 — 그들 모두와 언제나 — 있는 것으로서 보게 될지도 모른다. 우리는 우리가 정의한 것을 초월하는 하느님의 현존을 알아볼 수 있는 훈련을 할 필요가 있다.

우리 150억 년 발달의 균형을 유지하는 것, 우리가 하느님의 우주 안에서 아주 서서히 그리고 점차적으로 진화했다는 것을 깨달을 필요가 있다. 우리보다 앞서서 아주 다른 형태의 사회들과 사람들이 있어 다양한 방법으로 하느님을 경배해 왔다는 사실을 깨달을 필요가 있다.

5천 년 전에는 사정이 좀 달랐다. 그 시대에는 계시가 닫혀 있지 않았다. 사람들은 자연에, 나날의 삶에, 공동체에 현존하는 하느님을 체험하면서 경배했다. 하느님은 사회에 필수적인 존재다. 그때는 지구상에 평화가 있었고 사회는 화합 안에서 살 때였다. 그때는 아이들을 낳고 기르는 것이 문명의 가장 중요한 기능이었다. 하느님은 여성이었다. 이는 하느님을 아버지라고 여기며 자란 사람들에게는 낯선 개념이다. 하느님은 여성으로, 인류를 낳은 분으로 이해되었는데, 그분은 여성으로서 생명을 낳을 수 있었기 때문이다.

하느님이 어머니로 공경받고 평화, 예술, 공예, 출산, 양육이 인간생활의 중심이던 때가 있었다. 세 개의 원으로 연결된, 하느님에 대한 삼위일체적인 상징이 있었다. 이것은 5천 년 전에 여성인 하느님을 모시던 사회에서 살던 이 사람들의 거룩한 상징이었다. 원들을 나타내는 데 있어, 하느님, 거룩함은 처녀, 어머

니, 노파crone로 여겨졌는데, 이는 성부, 성자, 성령과는 아주 다른 것이다.

성부, 성자, 성령: 처녀, 어머니, 노파. 하나는 남성의 길이고, 하나는 여성의 길이다. 처녀로 상징되는 출산은 그 고대 문명에서 아주 중요했다. 위대한 신비, 존중받고 공경받을 거룩한 사건이었다. 출산이 중심이 되었다. 이 신석기 사회는 출산의 힘과 신비를 존중하기 때문에 폭력이나 파괴 대신 평화와 양육이 있었다. 경쟁 대신 보살핌이 있었다. 그 시대는 전쟁이 없는 유일한 때였다. 생명은 어머니를 상징하는 원으로 표현되었으며, 죽음은 세번째 나선형, 노파, 어둠으로 여행하는 노파로 나타냈다.

아이러니컬하게도, 5천 년 전 평화를 사랑하던 이 사람들에게 뱀은 성聖의 상징이었다. 뱀은 지혜의 상징이요, 지식의 상징이었다. 그렇지만, 결국 양육, 어머니, 여신이 중심을 이루던 사회는 인도 유럽 기병의 침범으로 해체되었는데, 그들은 남성적인 하느님, 전사요 정복자인 하느님을 모시고 왔다. 이 침범으로 경쟁, 땅의 소유, 정복, 무기 등 새로운 가치가 도입되었다. 어머니 하느님을 섬기는 문명은, 전사요 왕인 하느님을 섬기는 남성 중심의 사회로 넘어가게 되었다.

어머니 하느님 시대에는, 월경의 위력이 매우 컸다. 여성의 월경 시기는 거룩한 시기였는데, 출산의 신비에 속했기 때문이다. 남성은 여성이 생명을 낳을 수 있는 힘이 어디서 나오는지는 모르면서도 월경의 피와 관계 있다는 것은 알았다. 그런데 남성이 무기를 가진 전사가 되었을 때, 방법이 다르기는 했지만, 그들도 피를 흘릴 수 있는 능력이 생겼다. 폭력을 통해 피를 흘릴 수 있는 능력은 남성적인 힘의 상징이 되어 월경으로 상징되는 여성적인 힘에 어두운 그림자를 던지게 되었다.

그리하여, 새로운 현실로 옮아가는 역사적인 전환이 있었다. 하느님은 모든 사람을 지배하는 전사, 남성, 왕, 야훼가 되었다. 여성, 출산, 과정, 땅과 새로운 생명과 출산을 가져오는 거룩함 등은 권력과 정복을 위한 추진력에 자리를 내주었다. 나중에 어머니 하느님의 사회에서 존중받던 많은 것들, 즉 땅의 신성함, 모성의 거룩함, 새로운 생명의 기쁨 등이 신비가들 안에서 다시 나타나게 되었다.

어머니 하느님 사회에서 아버지 하느님 사회로 변화를 촉진시키기 위해서는 신화와 상징이 근본적으로 변해야 했다. 어머니 하느님의 상징이었던 뱀이 억압되거나 흡수되어야 했다. 우리는 뱀을 밟고 있는 성모 마리아상을 볼 때 흡수 과정이 어떻게 성공했는지를 알 수 있다(나는 마리아가 뱀 위에 서서 무엇을 하는지 항시 궁금했다). 인류가 다른 방식으로 행동하고, 파트너십 사회가 있으며, 남성과 여성이 동등하게 일하고 살아가던 시대의 모든 유물을 파괴하기 위해서는, 뱀이 소멸되어야 했던 것이다. 동정이며 어머니이신 마리아로 하여금 뱀, 자기 힘의 상징인 뱀을 파괴하도록 하는 것보다 더 나은 방법이 어디 있겠는가? 그리고 뱀이 이브를 유혹하여 인류의 타락을 책임지도록 하는 것보다 더 나은 방법이 어디 있겠는가? 이브가 여성으로서 모든 지혜와 지식의 상징인 뱀을 돌보는 것은 불가피한 일이었다. 온갖 지혜의 상징이었던 뱀이 모든 악의 상징인 뱀이 되도록 신화가 재구성되었다. 여성은 다시 회복되지 않았다.

우리는 이런 일들을 바라보아야 한다. 우리 사회는 균형이 잡히지 않았으며, 도처에 속임수가 있다는 것을 자각해야 한다. 처녀, 어머니, 노파를 볼 때 교회가 상징의 일부를 택하여 남성에게 유리하게 사용했다는 것을 알게 된다. 예를 들어 완벽한 여성의 이상적인 상태로 동정성이 추앙되었다. 성모 마리아가 다산하는 어머니 신의 개념에 대치되었으며, 출산 안에 나타나는 여성적인 힘의 개념은 동정성이라는 새로운 이상에 흡수되었다. 어머니가 된다는 것은 동정 다음 가는 가치가 되었고, 시대가 지나면서, 점차적으로 어머니도 옛날에 가졌던 그 경외스런 의미를 잃고 어머니날 카드를 연상시키는 가장 미국적이고, 다정한 어머니상의 형태로 바뀌었다. 여성의 힘과 지위는 성공적으로 그리고 가차없이 파괴되었다.

노파(크론)가 문제였다. 크론은 지혜의 시대(소피아 성령)를 표상했다. 크론은 흰 머리의 현명한 여성이었다. 크론은 현명한 여인이다. 크론은 위험한 인물이다. 크론은 중요하고 어려운 질문들을 하며 공동체에 도전하는 인물이었다. 고대사를 보면 사람들은 이해와 지혜 그리고 조언을 얻기 위해 크론을 찾아갔다. 크론은 지하세계, 자아와 삶 그리고 결국은 죽음으로 가는 어두운 여행을 알고 있었다. 의심할 바 없이, 크론은 흡수하거나 없애버려야 할 고대 방법들의 완고한 상징이었다. 그리고 마침내 그렇게 되었다. 그녀는 사회에서 쓸모없는 사람으로서 비웃음과 거부의 대상이 되었다. 그리고 오늘날 우리 사회를 보면, 크론을 존중한다는 개념이 소멸되었다는 것을 알 수 있다. 늙은 여인? 양로원에나 보내자. 늙은 여인? 그들은 쓸모가 없다, 그들은 할말이 없다.

우리 사회에는 늙은 여성을 위한 자리가 없다. 전에는 존중받던 크론이 이제는 늙은 마귀할멈이 되었다. 이상한 것은 지금은 조롱하고 모욕하는 의미로 쓰이는 마귀할멈(hag)이란 말이 전에는 "거룩하다"holy는 뜻으로 사용되었다는 것이다.

하느님이 여성인 파트너십 사회의 시대에 살던 사람들의 거룩한 여성을 하찮은 사람으로 전락시키는 데 성공했다. 고대 수많은 부족 문명에서 공동체의 지혜를 지니고 있고 지혜의 원천이던 사람이 우리 사회에서는 아무것도 줄 것이 없는 사람처럼 보인다. 여성 원로로 상징되던 지혜가 전락되는 과정은 많은 부족 문화에서 반복되고 있는데, 거기서는 그런 지혜가 중요하게 여겨지지 않는다. 우리는 "복음화"evangelization에 성공한 것이다.

크론의 역할과 의미가 왜곡된 것은 마녀 — "늙은 마녀"라고 묘사될 때가 많은 — 로 단죄받게 되었다는 것이다. 우리 동화에서 악의 상징으로 나타나듯이. 그런데 마녀를 나타내는 앵글로색슨 말은 지혜 혹은 재치와 관련이 있다. 그녀는 마법사보다 현명하다. 사실 중세기에는 마녀들이 하느님이 어머니던 시대의 방법들을 실행했다. 그들은 약초의 효험과 달의 주기 혹은 보석의 힘 등을 알았던 것이다. 그들은 치유자요, 출산하는 여인의 진통을 덜어주는 산파였다. 크론의 후예요 추종자들이었다.

그리고 우리는 중세기와 그후 몇 세기 동안의 마녀 사냥에 대해 알고 있는데, 이 산파—마녀—크론들이 5천 년 전 어머니의 방법을 너무 위험스럽게 상기시켜 주었기 때문에, 수백만 여인들이 불에 타고 학살당했다. 우리 잠재의식 깊은 곳, 혹은 남성의 잠재의식에는, 현명한 여인, 노파들 그리고 마녀들 안에서 여성성이 다시 나타나고 있다는 공포가 잠재하고 있다. 9백만 내지 1천3백만 명의 여성들과 그들을 지지했던 몇몇 남성들이 위대한 어머니의 기억이 다시 나타나는 것을 뿌리뽑기 위해 살육당했다.

그런데, 어둠과 죽음에 대해 알고 있는 크론, 지하세계의 길들을 알고 있는 크론은 완전히 눌려 지내지는 않을 것이다. 이제 다시 부상하고 있는 것이다. 그리고 이제는 화형당할 수 없다. 그런데 아직도 여성성을 두려워하고 있는 우리 사회는 여성 안에 나타나고 있는 새로운 의식을 억제하기 위하여 좀더 교묘한 방법들을 시도한다.

하느님의 공동 창조자로서 우리가 할일은 엄청나다. 우리를 앞서간 것을 모두 바라보고, 우리 각자가, 아무리 보잘것없더라도, 공동 창조에서 독특한 역할 — 세상 안에서 그리고 인류에게 하는 독특한 기여 — 을 한다는 것, 바로 우리가 존재함으로써 우리가 모든 사물과 연결되어 있다는 것, 즉 애벌레, 잔디, 동물, 새, 모든 남성과 여성에 관련되어 있다는 것을 인식하는 것 등등. 우리는 어린이, 별, 행성, 꽃, 잎사귀 등과 관계가 있다. 우리는 서로 맺어져 있고 관련이 있는 우주의 일부다. 우리는 하느님께서 펼치는 우주의 다른 부분과 관계를 끊을 수 없다. 우리는 그 안에서 우리가 할일을 발견해야 한다.

거룩한 사람은 나에게 뭐라고 말하는가? 노파는 무어라 말하는가? 마녀는 무어라 말하는가? 내 내면의 지혜는 뭐라고 말하는가? 우주의 발달 안에서 우리는 무슨 역할을 해야 하는가? 오늘날 "병 안에서 나와 날아라" 하고 말하며 자유롭게 떠돌아다니는 이 성령은 어디 있는가?

여성의 지혜

축축한 땀냄새를 풍기는
부드러운 갈색 털을 두르고
그림자, 고대, 웅장함으로부터 일어났다.
그 눈은
과거와 오늘과 내일의
지혜를 반영하며
깊게 젖어 빛난다.
그녀는 수정처럼 빛나는 둥근 돌과
그녀의 쇠약해진 가슴을 보듬고 있는
검고 노란 뱀을 쥐고 있다.
아, 그녀는
고대 역사의 그림자에서
잠자고 있는 위대한 어머니의
지혜를 갈망하며
온전함과 조화와 희망을 찾는
수많은 영혼의 의식 속으로 일어났다.
그녀는
고대의 웅장한 그림자에서 일어났다.
그리고 인류가 그녀의 탄생으로 진통함에 따라
대양의 배가 흔들렸다.

끔찍하게 부패한 사람들

제대로 된 것이 하나도 없기에 사람들은 굶주려 있다. 사람들은 불안하고 외로운 상태에서 두려움에 떨며 정처없이 떠돌아다닌다. 사람들은 길을 찾고 있다. 여성적인 것을 갈망하고, 치유를 갈망하고, 풍요로운 땅을 갈망하고, 하느님을 갈망하고 있다. 우리 세상에는 영적인 것에 대한 갈망이 널려 있다. 사람들이 체험하는 영적인 갈망은, 이브와 뱀의 유혹으로부터 시작하는, 우리가 받아들인 죄책감과 뒤섞여 있는데, 이는 우리 전례에도 영향을 미쳤다.

가톨릭 교회의 미사를 보자. 주일에 사람들은 의미를 추구하고 위로를 찾기 위해 희망을 가득 담은 시선으로 미사에 모여든다. 먹을 것을 — 빵, 기쁨과 친절의 말씀 — 찾아서 하느님이 계신 거룩한 집에 온다. 그런데 사람들의 눈이 반짝거리는 경우는 드물다. 그들은 어머니, 아버지, 하느님의 집에 있다는 안락함과 기쁨을 별로 느끼지 않는 것 같다. 그 굶주린 사람들이 듣게 되는 첫마디는 이것이다.

거룩한 미사를 합당하게 봉헌하기 위하여 우리 죄를 반성합시다.

왜인가? 우리는 충분히 고통받지 않았는가? 우리는 이미 지쳐 있지 않은가? 우리가 무얼 잘못했기에 하느님의 거룩한 장소에 가서 죄를 기억해 내야 하는가? 우리 죄 항상 우리 앞에 있고 세상 곳곳에 있지 않는가?

추수감사절에 어머니가 자녀들을 부르는 장면을 상상해 보자. 자녀들과 손자손녀들이 함께 모인 가운데 풍성한 추수감사절 식사를 하려고 한다! 연회를 계획하고 있는 것이다. 그리고 모든 자녀들은, 자기 아이들을 데리고 추수감사절 식사를 위해 모여든다. 음식을 기다리며 식탁 주위에 모여 있는 자녀들을 보는 어머니의 기쁨을 상상해 보았는가?

그런데, 음식을 막 먹으려고 할 때 어머니가 말한다. "잠깐만 기다려라. 잠시 멈추어라! 아직 칠면조를 자르지 말아라! 이 칠면조를 먹기 전에 할 일이 있다. 너희들이 지난주에 저지른 그 잘못들을 생각해 보아라!" 내가 원하는 것은 현실적이 되자는 것이다. 세상에 그렇게 하는 어머니가 있는가? 그러면 자녀들과 손자손녀들은 갑자기 고개를 떨굴 것이다.

"오 하느님, 아시다시피 저는 썩어문드러진 끔찍한 인간입니다. 지난 주일 저는 분노를 터뜨렸습니다. 참을 수가 없었습니다. …" 그들이 그 칠면조를 맛있게 먹을 수 있을 것 같은가?

우리는 자녀들에게 "나는 너희를 영원한 사랑으로 사랑한다. 그런데 가만히 생각해 보면 너는 그 엄청난 사랑을 받을 만한 가치가 없다, 이 비참하고 작은 벌레야!" 하고 말하는 하느님을 제시할 때가 너무 많다. 당신은 우리가 만들어내고 있는 게 무언지 아는가? 그리스도교적인 정신분열증.

"하느님은 나를 사랑하신다. 하느님은 나를 사랑하지 않으신다. 그렇다, 하느님은 나를 사랑하신다. 오 아니, 하느님은 나를

사랑하지 않으신다! 오! 나는 그렇게 비참하고 형편없는 인간이
야!” 하느님의 백성이 무력해지는 것도 무리는 아니다! 하느님이
머리를 긁적이시며 다음과 같이 말씀하시는 것도 무리는 아니다.

“너 무슨 짓을 했느냐? 내 아이들에게 무슨 짓을 했느냐? 너는
내가 그들을 사랑한다는 것을 안다. 그런데 어떻게 감히 그들을
항아리에 집어넣고 ‘붕 … 우리는 불쌍한 죄인이다’ 하고 느끼게
만들었느냐? 왜 내 잔치를 즐기지 못하게 만들었느냐?”

심리학자라면 누구라도 이 내적인 모순에 의문을 제기할 것이
고 그것이 손상을 입힐 수 있다는 것을 인정할 것이다. 정신치료
사라면 누구라도 당신이 자녀들에게 혹은 어른들에게 그 문제에
대해서 “너는 내 사랑을 받을 자격이 없지만 어쨌든 나는 너를
사랑한다”고 말한다면 그들은 혼란스러워할 것이고 불안해한다는
것을 이해할 것이다. 이런 상태에 있는 사람은, 어른이든 어린이
든, 기쁨과 사랑에 넘쳐 춤출 수 없을 것이다. 그럼에도 불구하
고 우리는 이렇게 죄를 의식하는 과정을 우리 전례에서 빼놓을
수 없는 부분으로 삼았다. 그것은 신자들을 억누르고 또 하느님
이 자기들 안에서 커갈 수 있다는 것을 생각하지 못하게 하던 오
래된 음모의 잔재다.

우리 전례가 죄책감을 심어주고 또 여성이 모든 죄에 책임이
있다는 말은 하지 않지만 끈질기게 상기시키지 않으면 일하기 아
주 어렵다는 것은 확실하다.

어쨌든, 아담에게 사과를 준 것은 이브가 아닌가 말이다.

소위 인류 타락의 원인이라는 죄의식은 아직도 오늘날 여성들
이 심리적으로나 정서적으로 혹은 영적으로 짊어지고 가는 짐이

다. 이 "타락"에 의해서 만들어진 깊은 죄의식은 남성과 여성 사이의 파괴적인 불균형에도 한몫했다고 생각한다. 여성을 체계적으로 배제하는 것은 우연한 일이 아니다. 그것은 우리에게 남성, 아버지, 백인으로 된 하느님을 남겨주었으며, 우리는 동정 어머니, 동정 아버지, 하느님의 아들로 구성된 가족 모델을 가지게되었다. 그렇게 해보라! 가정의 모델! 우리는 그것을 받아들였다. 그렇지만 이것은 가정의 모델이 될 수가 없다! 우리는 그것을 받아들임으로써 "우리는 모델이 아니다. 우리는 작고 보잘것없다. 우리는 죄인이니 더 나은 존재가 될 수 없다"고 말하며 하느님의 잠재력에서 멀어졌다.

나는 것보다 우리 제한된 작은 공간에 앉아 있는 것이 훨씬 편하다. 왜냐하면 우리는 날 때 계시의 여행을 계속하고 참여하면서, 우리 삶에 대하여 우리 안의 지혜에 대하여 그리고 그 지혜를 추구하는 데 대하여 책임을 져야 하기 때문이다.

하느님의 모습대로

하느님의 모습을 닮은 인간에게 무슨 일이 일어났는가? 성령의 성전으로서 여성과 남성에게 어떤 일이 일어났는가? 우리가 가지고 있는 영성에 대한 왜곡된 상과 세상의 고통 사이에는 어떤 관계가 있는가? 나는 자신들을 "인간 쓰레기", "똥"이라고 체험하는 매매춘 여성의 극단적인 예 안에서 그 관련성을 본다. 나는 다른 시각을 가지고 응답해야 한다. "아닙니다. 당신은 성령의 성전입니다. 당신은 하느님의 예술작품입니다." 그렇다면 몸을 팔지 않는 우리는 전혀 다른가?

우리는 일어나서 "우리는 인간 쓰레기다"라고 말하지는 않을 것이다. 그저 "내가 … 을 할 수 있다고 생각하지 않습니다. 오, 나는 … 을 할 수 없습니다. 나는 절대 … 처럼 될 수 없습니다" 하고 말할지도 모른다. 우리는 절제된 말투로 좀 교묘하게 말한다. 그런데 근본적으로, 우리가 구속에 전적으로 관련되어 있다면, 성서 말씀을 진지하게 받아들여야 한다.

나는 너희를 하느님의 모습대로 만들었다.

우리는 하느님을 닮아야 한다. 그것이 거룩함에 이르는 여정이다. 그런데 우리는 전해받은 유산 때문에 방해를 받는데, 그것은 어떤 희생을 감수하고라도 없애버려야 한다. 마이스터 에크하르트는 말했다.

하느님은 집에 계시다. 산책 나갔던 것은 우리다.

하느님은 우리와 함께 집에 계시다.

예수가 매맞는 아기였다면 어떤 일이 일어났을까? 마리아의 폭력과 분노를 뱃속에서 느꼈다든지, 자기가 원하는 아이가 아니었다는 것을 알았다면 어떻게 되었을까? 그리고 세상에 태어나서 매맞고 강간당했다면 자기가 하느님의 아들이라는 것을 믿으며 자랄 수 있었을까? 매맞는 아이가, 자신이 하느님의 자녀라는 자아감각을 가지고 자랄 수 있을까? 당신은 우리가 모든 사람을 하느님의 자녀로 대한다면 세상은 달라질 거라고 생각하는가? 마리아와 요셉은 예수를 진정한 사랑과 경외심을 가지고 대했다. 예수를 잉태한 마리아는 거룩한 사람을 잉태하고 있다고 여기고 또 믿었다. 예수는 거룩한 것, 신성한 것을 키우는 가정에서 태어났다. 그리고 아기는 하느님의 아들로서 자라났다.

우리 모두는 그런 과정으로 불림받는다. 그렇지만 우리는 그런 강간과 구타 그리고 심리적인 폭력의 역사 속에 살고 있으며, 이제 많은 어린이들이 어떤 결함과 두려움 혹은 장애를 가지고 태어나고 있다. 우리는 이 사람들이 스스로 하느님의 자녀라는 사실을 점차적으로 깨닫게 해주는, 치유하는 사회가 필요하다.

우리가 예수를 하느님의 마지막 계시로 닫아버릴 때, 우리의 가능성을 차단하는 것이다. 신학교에서 공부할 때 나는 이에 대해 생각하면서 선생님에게 물어본 적이 있다. "선생님, 예수님이 진정 하느님의 아들이라면, 우리 신앙과 지혜가 성장함에 따라 하느님의 아들과 딸들이 또 있을 가능성이 있지 않을까요?"

"아니오." 우리 선생님은 기가 막히다는 듯이 대답했다. "도 대체 하느님의 아들 예수와 같을 수 있는 사람은 아무도 없습 니다."

"예수님은 모든 사람이 가야 할 길을 보여준 첫번째 인간, 우 리도 그분과 똑같아질 수 있다는 것, 사실 그분보다 더 위대한 일을 할 수 있다는 것을 보여준 사람이 아니었습니까?"(경악!) 나는 계속했다. "그리고 예수님이 '여러분은 나보다 위대한 일을 할 수 있다'고 말하지 않았습니까? 위대한 일."

"아니, 아니, 그렇지 않아요. 그건 예수님에게만 해당하는 말 입니다."

나는 이단자가 된 느낌이 들었다. 그렇지만 나에게는 이치에 맞는 말이다. 결국은 믿음이 중요하다는 말 아닌가? 우리는 발견 하고 되어가는 여정에 있지 아니한가? 우리는 우리에게 산을 옮 기고 물 위를 걸을 수 있는 능력이 있다는 사실을 믿지 않게 되 었다(만일 믿은 적이 있다면). 우리는 믿지도 않으면서 그렇게 말한다. 그렇다면, 그만두자! 믿지 않는다면, 그것을 말하지도, 노래하지도 말자. 적어도 우리가 아무것도 모른다는 사실에라도 일관성을 유지하자.

하느님의 자녀가 될 수 있다는 것, 산을 옮길 수 있고 물 위를 걸을 수 있다고 믿는 것은 너무 위험한 일인지도 모른다. 그것은 주교님들, 우리에게 거룩한 것을 중재해 주는 사람들을 위협할지도 모른다. 아마도 주교님들이 일자리를 잃는다는 것을 의미할지도 모른다. 당신 위에서 "자녀들이여, 그건 하지 마시오. 무엇을 해야 할지, 어떻게 해야 할지 내가 알려주겠소" 하고 말할 사람이 없어진다는 것을 의미한다. 그것은 영적인 힘의 위치가 성직자 계층에서 개인과 공동체로 옮아가는 것을 의미한다. 그것은 우리가 온전한 새 과정, 순화하는 존재방식, 거기서 우리는 영원히 우리 밖에서 징표를 찾는 대신 우리 자신의 내적인 현실로 깊이 침투하게 될 것이다. 아! 우리는 항아리 밖으로 날아야 한다. 하느님은 자유로운 분이시고, 전적으로, 철저하게, 어리석을 정도로 사랑이 깊으시다. 사랑하기. 하느님이 우리에게 얼마나 많은 자유를 주셨는지 깨닫는다는 것은 너무 두려운 일인가?

따뜻하고, 촉촉하고, 짭쪼롬한 하느님

숲속 깊은 곳에서
나는 나의 하느님이
나무들 사이를 뛰어다니고,
반짝이는 햇살을 빙빙 돌며,
바람결을 쓰다듬는 것을 보았다.
풀잎들이 향기로운 공기를 일으키며
일어서고 쓰러지는 곳에서

나는 그녀의 포착하기 어렵고, 자유롭고
어디서나 춤추는 아름다움을 냄새 맡았다.

도시 한가운데서
나는 나의 하느님이 술집에서 울고,
눈부신 빛 아래 배회하며,
질주하는 차를 잽싸게 피하는 것을 보았다.
여인들이 불빛을 저주하며
뚜쟁이질하고 강간당하는 거기서
나는 격렬하고 깊은 그녀의 존재가
흐느끼는 것을 보았다.

내 마음 깊은 곳에서
나는 내 하느님이
내 중년의 뼈를 소생시키고
내 모든 "그러나"들을 제지시키며
내 배에서 발길질하는 것을 보았다.
내 정신이 무아지경에 들어가
오랫동안 잠들어 있던 거기서
따뜻하고, 촉촉하고, 짭쪼롬한 하느님이
일어나서
함께 춤추자고 고갯짓했다.

달리고 춤추고 아름답게 보이기

성서에는 돌아온 아들의 이야기가 나온다. 어떤 사람이 아들 둘을 두었는데, 어느 날 한 아들이 말한다. "이제 싫증이 났습니다. 나는 증권과 주식을 모두 팔고 차를 팔아버려야겠습니다. 그리고 유럽 여행을 떠나야겠습니다." 신나게 즐기고 싶은 것이다. 유학을 가려는 게 아니라, 그저 마음껏 놀고 싶은 것이다. 그러자 아버지는 말한다.

"그러지 말고 여기서 우리와 함께 살자."

그렇지만 아들은 아버지 곁을 떠나 자기 마음대로 돌아다녔다. 아버지는 기다리고, 기다리고 또 기다렸다. 그리고 바라보고 또 바라보았다. 그러던 어느 날 저 언덕 너머에서 축 처진 아들의 모습이 보였다. 아들은 어둠 속에 돌아왔다. 그는 지쳤다. 그러자 아버지는 외투를 벗어던지고 아들에게 달려갔다.

아버지가 달려갔다는 사실은 매우 의미심장하다. 왜냐하면 그 시대 그 문화의 연로한 사람들은 뛰는 것은 말할 것도 없고, 터벅터벅 걷거나 서둘러 걸어가는 것조차 하지 않았기 때문이다! 지금도 많은 부족 문화에서 그러하듯이 연장자들은 매우 천천히 걸었다. 나이가 많으면 존경을 받는다. 나이 많은 사람이 달린다는 것은 정말 꼴불견이고 눈살이 찌푸러지게 하는 행위였다. 그것은 점잖지 못한 행위였다. 노 현자들은 서 있고 젊은이들이 와서 절하고 경의를 표했다. 아버지가 권위의 표시를 내던지고 아들을 향해 어린 사람처럼 달려간다는 것은 터무니없는 행위였다.

하느님의 사랑과 자비는 어리석고 불합리하다. 하느님은 항상 우리를 기다리고 계시다. 우리가 병 밖으로 머리를 내밀고 "도와주세요!" 하고 외치는 순간, 하느님은 외투를 내던지고 달려오신다.

가부장 사회의 하느님 — 아버지, 왕, 주님, 심판자 — 은 뛰어다니지 않는다. 이 하느님은 높은 자리에 앉아서 인간을 심판한다. 그렇지만 예수의 하느님은 달린다, 예수의 하느님은 눈물을 흘린다. 그리고 예수의 하느님은 껴안기 위해서 권력과 권위를 내던지신다. "집으로 돌아오라, 집으로 돌아오라." 하느님은 철저하게, 전적으로 용서하신다.

신비가 마그데부르크의 메히틸드는 13세기에 이렇게 말했다.

하느님은 몸을 굽혀 마룻바닥의 아이를 안아올려 가슴에 안는 위대한 어머니 같은 분이시다.

마그데부르크의 메히틸드와 함께하는 명상

이것이 하느님의 여성적인 모습이다. 우리 아이들에게는 돌봐주고, 보살피고 용서하는 하느님이 몹시 필요하다.

마그데부르크의 메히틸드는 비전을 통하여 하느님이 이렇게 말씀하시는 소리를 들었다. "나는 위대한 의사와 같다. 나는 약과 연고를 가지고 돌아다니며 내 백성들의 상처를 치료해 준다." 약 상자를 가지고 돌아다니는 하느님을 상상할 수 있는가? "나는 너를 치유해 주고 싶다. 괜찮아질 거다. 마음 푹 놓고, 낫는다는

것을 믿어라." 하느님은 말씀하신다. "내가 내 백성들을 치유해 주겠다." 메히틸드는 비전을 계속해서 표현했다. "나 하느님은 너의 놀이 친구다! 나는 너와 함께 춤추고 놀겠다."

우리가 왕관을 씌워 멀리 보낸 하느님은 심심하다. 이 하느님, 이 공동 창조자, 이 위대한 소피아 영은 우리가 더 이상 춤추지 않고 놀지 않기 때문에 무료해지신 것이다. 우리는 너무 많은 문제를 가지고 있고, 너무 많은 죄의식과 고통에 사로잡혀 있다. 하느님은 말씀하신다. "누구 나와 춤출 사람 없느냐?" "누구 긴장을 풀고 나와 춤출 사람은 없느냐?" 그럼에도 불구하고 소피아 영은 살아 있고 건재하고, 내 생각에 우리를 새로운 삶으로 꼬드길 준비를 하고 병 위를 떠돌고 있다.

빙엔의 힐데가르드Hildegaard of Bingen는 병 밖을 내다본 예언적인 여인이었다. 그녀는 거의 900년 전에 태어난 분도회 수녀요, 수도원장, 박사, 신학자, 마녀, 치유자, 산파였다. 그녀는 깊은 차원에서 크론의 옛 기술을 포용한 여성이었다. 그녀는 달의 힘을 믿었고, 보석의 치유력을 믿었으며, 과학이 해부학을 모를 때조차, 간의 기능을 정확하게 설명하였으며 효험 있는 약을 처방하였다. 그녀는 의약과 치료술에 대한 책을 썼는데 아직도 거기에 대해 언급하는 유럽 의사들이 있다.

이 모든 지식을 어디서 얻었는지 궁금하리라. 그녀는 그것을 복부, 직관, 본능, 여성적인 지혜로부터 얻었다. 우리가 성장하고 발달할 때 그리고 우주와 조화를 이루고 하느님과 조화를 이룰 때, 우리가 창조의 아주 작은 부분에 지나지 않지만 하느님이 우리에게 모든 것을 주셨다는 것을 깨달을 때, 하느님이 주신 지혜와 본능을 개발할 수 있다. 그런데 우리 머리는 말한다. "너는 아무것도 모른다." 자유로운 인간은, 지혜의 성령으로 가득 차서, 전에 상상했던 것보다 훨씬 많은 것을 얻을 수 있다.

힐데가르드의 주요 목표는 교회의 개혁이었다. 그녀는 교회가 부패했다고 여기고, 로마나 남성적 지배권력과 권위에 관심이 없었다. 남자 수도원장이 자기 수녀들에게 권위를 행사하는 것을 용납하지 않고, 20세기에 이른 지금도 많은 수녀들이 고심하면서도 받아들이고 있는 것에 대해 900년 전인 그때 "아니오"라고 말했다! 그녀는 "아닙니다. 우리 여성들은 스스로 일을 처리할 수 있습니다. 우리에게는 지시해 줄 남성이 필요없습니다. 우리에게는 다른 방법이 있습니다." 그리고 그때문에 말썽이 일어났다.

그때 그녀의 수녀들은 남자 수도원장이 감독하던 수도원에 살았는데, 건물 다른편에는 수사들이 살고 있었다. 힐데가르드는 그의 권위하에 살기를 거부하고 "우리 떠납니다. 갑시다! 이 사람이 우리에게 지시한다면, 우리는 떠납니다!" 그리고 떠나갔다. 그들은 모두 짐을 싸들고, 지참금을 가지고 강을 건너갔다. 그들은 자기들만의 장소에 집을 짓고 자신들의 삶을 꾸려나갔다.

힐데가르드는 멋부리기를 아주 좋아했다. 오늘날에 살았다면 쇼핑을 무척 즐겼을 것이다. 자동차의 범퍼에 "쓰러질 때까지 쇼핑을 하라"는 스티커를 붙여놓았을 것이다. 그녀는 수녀들에게 머리 모양을 마음대로 하라고 했다. 그리고 보석을 좋아했는데 수녀들에게도 보석으로 장식하라고 권했다. 외모가 내적인 영광의 표시라고 믿었던 것이다. 옷을 차려 입고, 아름답게 보이는 것은 내면의 아름다움을 반영하는 것이었다. 그것은 제도적인 교회가 바라는 것이 아니었다! 수도생활의 역사를 통하여, 교회는 수녀들을 무성화無性化하고 여성성을 없애버리는 데 주력했다. 우리는 거기에 대해 잘 알고 있다. 오늘날 많은 수녀들이 심리적으로나 정서적으로 해로운 규칙과 규율, 그리고 생활양식에서 나온 온갖 종류의 깊은 상처를 지니고 산다. 하느님은 어느 누구도 그렇게 되기를 바라지 않으셨다. 하느님이 메히틸드에게 "춤춰라! 나는 네가 춤추기를 원한다! 나는 네가 충실한 신부처럼 춤추기를 원한다"고 말씀하신 것을 기억하자. 그런데 우리는 하느님과 함께하는 삶을 포용하기 위해서 여성은 자신의 여성성을 버려야 한다는 것을 받아들였다. 나는 하느님이 그걸 원하셨다고 생각하지 않는다. 하느님은 우리를 아름답게 만드셨고, 우리가 아름답다고 여기기를 바라셨다.

그런데 그게 문제다. "우리는 똥이다, 인간 쓰레기다. 우리는 아무것도 아니다!" 하고 말하고 또 그렇게 믿는 매매춘 여성의 예로 돌아가자. 그리고 그곳에는 "내가 만든 것을 보아라. 나는 너를 사랑한다! 너는 아름답다!" 하고 말씀하시는 하느님이 계시다. 힐데가르드는 이 생각과 느낌을 채택하여 "우리는 아름답다. 우리는 아름답게 입어야 한다" 하고 말했다. "여성의 목적은 세상에 하느님을 보여주는 것이다!"고 힐데가르드는 말했다. 왜냐하면 여성은 끊임없이 하느님을 낳고 있기 때문이다.

그리고 그녀는 땅이 우리 작업장이라는 것, 땅을 돌보지 않거나 땅을 제멋대로 사용하거나 파괴하면 우리 스스로를 파괴하는 것이기 때문에 땅을 돌봐야 한다는 것을 알았다. 힐데가르드는 우주 만물은 서로 관계가 있다는 것을 전적으로 믿고 있었다.

이 비상한 여인에게 죄는 "고갈되는 것"이었다. 죄는 춤추기를 멈추는 것이었다. 죄는 경축하는 능력을 상실하는 것이다. 그녀는 열정적인 사람이었다. 그런데 모든 신비가들처럼 그녀와 하느님 사이에는 중재자가 필요없었다. 신비가들이 위협적인 것은 그 때문이다. 성인들이 죽을 때까지 위협적인 것도 그때문이다. 그들은 하느님을 직접 체험하고 거기에 도취하기 때문에 중재자가 필요없다. 그건 위험한 일이다. 그런 사람들이 별로 많지 않은 한 교회는 그대로 유지될 것이다. 하느님의 비전으로 승화되는 사람이 너무 많지 않은 한 제도는 살아남고 계속해서 통제할 것이다. 병 밖으로 나가는 사람이 너무 많지 않은 한 제도는 유지될 것이다.

누구? 오늘날 빙엔의 힐데가르드가 있었다면 어떻게 될까? 정신병원이나 감옥에 갇혔을지도 모른다. 파문당했을 것이다. 그렇지만 그녀는 병 안에 있지는 않았을 것이다. 이는 분명한 사실이다. 신비가들은 우리에게 긴장을 풀고 춤추자고 초대한다. 그들은, 마그데부르크의 메히틸드처럼, 하느님이 사랑을 앓고 있으며 욕망으로 불타오르고 있다고 말한다. 신비가들의 하느님은, 동아프리카 마사이족의 하느님처럼, 확실히 촉촉하고, 따뜻하고, 짭쪼롬하다. 확실히 다르다. 분명히 위협적이다. 분명히 도전적이다. 분명히 여성적이다. 분명히 남성적이다.

그렇다고 해서 우리 사회나 교회가 여성의 힘으로만 움직여야 한다는 소리는 아니다. 그렇게 되면 병들고 균형이 없기는 지금이나 마찬가지일 것이다. 초기 어머니-하느님 사회는, 그렇게 평화롭게 양육했음에도 불구하고, 보통 건강한 "남성적인" 자질들과 본능들(여성에게도 있기는 하지만) — 계획, 발견, 질서, 논리적 근거, 기술 등 — 이 많이 결여되어 있었다. 강력한 여성 중심의 사회는, 진보적인 종합을 이루면서, 남성적인 것에 자리를 양보해야 했다. 문제는 균형이 깨져서, 남성성이 여성적인 면을 거의 없애버렸기 때문에, 이제 우리는 자제력을 잃은 사춘기 소년처럼 온갖 형태의 재앙과 파괴에 부딪치고 있다는 것이다. 여성에 대한 남성의 불균형은 우리를 끊임없는 전쟁, 기아, 빈곤, 땅의 황폐화, 오존층의 파괴, 지구를 열 번이라도 날려버릴 수도 있는 가능성 등으로 몰아넣었다. 이외에도 병적인 상태를 일일이 나열하자면 한이 없다.

여성의 에너지는 단련되지 않은 남성성에 균형을 가져다주어야 한다. 여성이 자신의 억압적인 상황에서 일어나면, 남성도 그 비현실적이고 파괴적인 힘과 통제의 고지에서 내려와 중간지대에서 여성성을 만나야 한다. 여성과 남성은 새로운 존재방식을 만들어내고, 정의와 평화가 가득한 세상을 탄생시켜야 한다.

여행은 멀고 고통스럽지만 우리는 끝까지 해내야 한다. 여성과 남성이 힘을 합치면 해낼 수 있다. 하느님 — 어머니요 아버지인 — 이 우리와 함께 계시다. 아이는 우리 것이다.

아 이

루가 복음에 나오는 이야기다. 즈가리야라고 하는 사제가 있다. 그는 일생 동안 야훼를 섬기면서 살았다. 그렇지만 그에게는 아이가 없어서 기가 죽었다. 유대인 부부에게 아이가 없다는 것은 정말이지 그보다 나쁜 일이 없을 정도로 불운한 일이었다. 늙고 초라한 즈가리야, 그는 올바르게 살았지만 아이가 없었다. 요즈음 따라 더욱 울적해진 즈가리야는 제의실에서 성작을 닦고 초들을 정리하고 있었다. 그런데 갑자기 천사가 나타났다. 천사의 이름은 가브리엘이었다. 천사를 한 번도 본 적이 없는 즈가리야는 기겁을 하여 성작을 떨어뜨리며 입을 다물 줄을 몰랐다.

그러자 천사가 말했다. "두려워 마시오. 엄청난 소식을 가지고 왔소, 엄청난 소식. 당신은 아이를 가지게 될 것이오!" 그런데 사제는 현실적인 문제를 생각해 보고 말도 안된다는 것을 알았다. 그는 여러 해 동안 애써 왔다. 그렇지만 어떻게 천사에게 폐경기에 대해 말할 수 있단 말인가? 즈가리야의 아내, 엘리사벳은 백 살이었다! 아기를 가질 수 있는 가능성이 없었다. 그리하여 충실하고 늙은 즈가리야는 천사에게 말하려고 애썼다.

"실례합니다, 가브리엘. 당신이 하늘나라에서 무엇을 하는지, 어디에 살고 있는지 모르지만, 여기 땅의 여성들은 폐경기라는 것을 겪어야 하는데, 내 아내는 …" 그렇지만 가브리엘은 들은

117

척도 하지 않고 그대로 서서 말했다.

"자, 자! 나를 믿겠소? 믿지 않겠소?" 그런데 즈가리야는 받아들일 수 없었다! 마침내 가브리엘은 정말 화가 나서 말한다. "하늘나라가 나타나는 것을 볼 때까지 벙어리가 될 것이오!" 말을 마친 가브리엘은 대경실색하여 벙어리가 된 즈가리야를 남겨놓은 채 떠나버린다.

루가 복음의 같은 장에, 젊은 아가씨가 부엌에서 뜨개질을 열심히 하고 있었다. 그때 갑자기 가브리엘 천사가 나타나서 말한다. "은총이 가득한 마리아여!" 마리아는 실과 바늘을 떨어뜨린다. 난생 처음 천사를 본 것이다. "놀라지 마시오, 마리아. 겁내지 마시오. 아주 멋진 소식을 가지고 왔습니다. 새로운 탄생에 대해 어떻게 생각하시오? 아기를 가지는 것에 대해 어떻게 생각하시오?"

마리아는 대경실색한다. "어머나, 아기라뇨!" 그녀는 즈가리야와 같은 의문을 가진다. 천사에게, 환영에게 어떻게 성에 대해 말할 수 있는가? 그녀는 남자와 같이 자본 적이 없기 때문에 아기를 가질 수 없다. 그리하여 천사에게 설명하려고 애쓴다. "그런데 … 보세요, 가브리엘, 정말 감사합니다만, 상황이 … 그저 불가능합니다."

가브리엘은 좀 실망한 채 마리아 곁에 서 있었다. "자, 어서요! 예라고 하겠소, 하지 않겠소?" 그러자 마리아의 눈에 순진한 빛이 스쳐갔다. 그러고는 중얼거렸다.

"그럼요, 그럼요, 우우!" 마리아에게 그것은 놀라운 가능성이 되었다. 나는 마리아가 "오 그래요, 가브리엘, 당신 말씀대로 이루어지길 빕니다” 하고 조용히 속삭였다고 생각하지 않는다. 현실적이 되어보자! 그녀는 “왜 못합니까? 그래요, 찬성합니다!” 하고 큰소리로 말했을 것이다. 그러자 가브리엘은 경쾌하게 떠나갔다. …

그 밤 상황을 상상해 보자. 마리아는 저녁식사를 준비하고 있었다. 요셉을 기다리면서 … 목수 요셉은 목재소에서 하루종일 일한 터라 몹시 지쳤고 온몸이 땀에 젖어 있었다.

요셉이 들어온다. 마리아는 가능한 한 밝은 목소리로 말한다. “이봐요, 요셉. 커피 한 잔 마실래요? 음 스카치 한 잔? 아니면 두 잔?”

침묵 …

“음, 요셉, 할말이 있는데요.”

“그래, 뭐요?”

“음, 요셉, 나 임신했어요!”

“뭐라구?” 요셉은 펄쩍 뛰며 말한다. “임신을 했다구!”

“예―. 아기를 가졌어요.”

요셉의 심정이 어떤지 상상할 수 있는가? 그는 격분한다! 마리아가 말한다. “아니, 요셉. 진정하고 내 말 좀 들어봐요! 내가 바느질을 하며 부엌에 앉아 있는데, 천사가 나타나서 ….”

“뭐라구?” 요셉은 미친 사람 보듯 마리아를 바라보았다.

“알았소! 이제 끝났소. 이제 당신과는 끝장이오!”

요셉은 쿵쿵거리며 자기 집으로 돌아갔다. 마리아를 떠난 것이다. 그는 화가 나서 어쩔 줄을 모른다. 그런데 마태오 복음 1장에 의하면 잠든 요셉에게 천사가 나타났다(당신은 천사를 믿을

것이다. 안 그런가?). 그리고 같은 말을 꺼낸다. “두려워하지 마시오. 당신은 마리아에게 돌아가야 합니다. 마리아의 말을 믿어야 합니다. 마리아는 ‘새로운 가능성’, ‘새로운 삶’을 잉태했기 때문이오. 두려워하지 마시오.”

요셉의 위대한 점은, 동정이라거나 마리아를 도와주었기 때문이 아니라, 마리아에게 돌아가 “당신과 함께 걷겠소. 나는 이 모든 것을 이해하지 못하오, 무슨 일이 일어나고 있는지 모르지만 당신과 함께 걷겠소. 당신이 ‘새로운 가능성’을 낳을 때 당신 곁에 있겠소. 우리는 모든 것을 함께 나눌 것이오” 하고 말할 수 있을 정도로 겸손하고 정직했다는 데 있다. 그는 마리아에게 돌아가 그녀의 터무니없는 출산 과정을 도와주었다.

이야기는 계속된다. 루가 복음에 의하면 들판에 양치기들이 있다. 그들은 학위도 없고, 대학 문턱에도 가보지 않은 단순한 사람들이다. 아마도 고등학교를 중퇴했는지도 모른다. 그들이 양과 염소를 치고 있는데, 갑자기 하늘에서 천사 무리가, 하나가 아니라, 트럼펫을 울리며 나타났다. 그리고 “기쁜 소식이오! 우리는 여러분에게 기쁜 소식을 가져 왔소!” 하는 노래를 부르고 있었다. 그러자 양치기들은 말한다.

“오! 그게 뭡니까?”

“아기가 태어났소. 새로운 것이 태어나고 있소. 새로운 가능성이오!” 당신은 아는가? 이 어리석고 단순한 양치기들은 말했다.

“정말이오? 그게 어디 있소? 알려주시오. 어디 있소?”

그들은 다른 것은 물어보지 않았다. 그저 어디로 가는지만 물었다. 그러자 가브리엘이 말했다.

“저기 커다란 별이 보이지요? 그것을 따라가시오!” 그러자 그 양치기들, 그 단순한 사람들은 몇 마리 양을 데리고, 모든 양이 아니라, 동쪽에 떠 있는 새로운 별을 따라 여행을 떠났다.

나중에 루가 복음에, 한 사나이가 호숫가를 거닐고 있다. 그는 사람들이 배에 타고 있는 것을 본다. 그들은 그물이 엉클어져서, 그 매듭과 찢어진 것을 푸느라 애쓰고 있었다. 그러자 그 사나이가 다가와서 말한다. “내버려두고 나를 따르시오!” 그들은 먼저 엉킨 것을 풀어야 했다. 그런데 당신은 아는가? 그들은 자신들을 속박하고 있던 그물을 버리고 일어나 그 사나이를 따랐다. 병 밖으로 날아오르듯이.

그리고 오늘날에도 그렇게 하는 사람들이 있다.

아마도 그들은 보통 사람의 눈에는 정상으로 여겨지지 않을 것이다.

읽을 거리

Elaine Pagels, *Adam, Eve and the Serpent*, Random House 1989.

Riane Eisler, *The Chalice and the Blade – Our History, Our Future*, Harper San Francisco 1988.

Barbara Walker, *The Crone – Women of Age, Wisdom & Power*, Harper San Francisco 1988.

B. M. Meehan, *Exploring the Feminine Face of God*, Sheed & Ward 1991.

Woolger, *The Goddess Within – A Guide to Eternal Myths that Shape Women's Lives*, Fawcett Columbine 1989.

Miriam T. Winter, *The Gospel According to Mary*, Crossroads 1993.

Sjoo & Mor, *The Great Cosmic Mother*, Harper San Francisco 1987.

Edwina Gateley, *I Hear A Seed Growing – God of the Forest, God of the Streets*, Source Books 1990.

Matthew Fox, Ed., *Illuminations of Hildegaard of Bingen*, Bear & Co. 1985.

E. S. Fiorenza, *In Memory of Her – A Feminist Reconstruction of Christian Origins*, Crossroads 1984.

Cooledge, *Julian of Norwich: Showings*, Paulist Press 1988.

Moltmann-Wendell, *A Land Flowing with Milk & Honey – Perspectives on Feminist Theology*, Crossroads 1988.

Gabriel Unlein, *Meditations with Hildegaard of Bingen*, Bear & Co. 1983.

Brendan Doyle, *Meditations with Julian of Norwich*, Bear & Co. 1983.

Sue Woodruff, *Meditations with Mechtild of Magdeburg*, Bear & Co. 1982.

Matthew Fox, *Meditations with Meister Eckhart*, Bear & Co. 1983.

——, *Original Blessing – A Primer in Creation Spirituality*, Bear & Co. 1990.

Edwina Gateley, *Psalms of A Laywoman*, Source Books 1988.

James Walsh, Ed., *Revelations of Divine Love of Julian of Norwich*, Anthony Clarke 1978.

Mary Condren, *The Serpent and the Goddess*, Harper Collins 1989.

Rosemary Radford Ruether, *Sexism and God-talk – Towards a Feminist Theology*, Beacon Press 1983.

Anthony De Mello, *Song of the Bird*, Doubleday 1984.

Merlin Stone, *When God was a Woman*, Harcourt 1978.

Cady,Ronan,Tanssig, *Wisdom's Feast*, Harper Collins 1989.

Miriam T. Winter, *Woman Wisdom*, Crossroads 1991.

——, *Woman Witness*, Crossroads 1992.

C. Pinkola Estes, *Women Who Run With Wolves*, Ballantine 1992.

나의 체험
— 한국에서의 강연 —

통역을 하면서 강연하는 것은 이번이 처음입니다. 최선을 다하도록 노력하겠습니다. 그리고 여러분에게 너무 지루하지 않기를 바랍니다. 서서 이야기해도 괜찮겠습니까? 저는 오늘 저 자신의 이야기, 저 자신의 신앙의 여정에 대해 말씀드리는 것으로 시작하고자 합니다. 저 자신의 이야기부터 하는 것은, 신앙은 우리 안에서부터 시작하기 때문에 나 자신의 이야기가 바로 신앙의 여정이라는 것을 믿기 때문입니다.

제가 여성으로서, 신앙인으로서, 가톨릭 평신도로서 가톨릭 신앙에 충실하면서 하느님 그리고 교회와 겪은 갈등을 말씀드리겠습니다. 먼저 14년 전에 조국을 떠나 미국으로 가게 된 이야기부터 하겠습니다. 저는 조국도 떠나고 싶지 않았고, 가족도 떠나고 싶지 않았습니다. 친구도 떠나고 싶지 않았고 하던 일도 떠나고 싶지 않았습니다. 자기가 익숙한 곳에서 뿌리째 뽑혀 낯설고 이상한 곳으로 가기를 원하는 사람은 아무도 없을 것입니다.

제가 그렇게 조국을 떠나 미국으로 가야 했던 이유는 오직 하나 내 뱃속에 계신 하느님 때문이었습니다. 우리는 머리에서만 하느님을 창조해 냈습니다. 하느님께서는 우리 각자의 뱃속에, 배꼽으로부터 한 4인치 들어간 깊숙한 곳에 살아 계십니다. 우리 안에 살아 계신 하느님께 충실하려면 무엇을 해야 할지 알게 될 것입니다. 그런데 우리는 흔히 합리화시키고 논리적으로 생각하면서 "난 이걸 할 수 없어, 못해" 하고 말합니다. 우리 두뇌는 우리 안에 계신 하느님을 불구자로 만들어버립니다. 저는 제 안에 계신 하느님께서 제 마음을 움직이셔 조국을 떠나라고 초대하시는 것을 알 수 있었습니다. 물론 두려웠습니다. 낯선 나라에서 뭘해야 할지도 몰랐습니다.

제가 조국을 떠나 시카고로 떠나기 전날 밤, 친구들이 저를 지원해 주고 도와주기 위해 송별 파티를 열어주었습니다. 그래서 우리는 큰 방에 모여서 만찬을 했습니다. 평신도들이 많이 왔고, 수녀님들, 신부님들도 오셨으며, 주교님들도 한두 분 오셨습니다. 우리는 아주 즐거운 저녁을 보냈습니다. 파티가 끝날 무렵, 친구가 마이크를 가져다주면서 "당신의 삶을 이야기해 달라"고 했습니다. 그러고 나서 어머니께도 "따님에 대해 이야기 좀 해주십시오" 하고 청했습니다. 그들은 그날 저녁 영국 북부에 계신 우리 어머니를 모셔온 것입니다.

어머니는 70평생 주교님을 한 번도 본 적이 없었습니다. 어머니는 마이크를 들고 앞에 있는 사람들을 둘러보셨습니다. 수녀님들, 신부님들, 그리고 맨 앞에 계신 주교님도 보았습니다. 그러고는 벌벌 떨면서 "우리 에드위나는 항상 좀 이상했어요" 하고 말씀하셨어요. 모든 사람이 웃었습니다. 저는 당황했습니다. 어머니는 계속 말씀하셨습니다. "내 딸은 정상일 때가 없었어요.

항상 자기 일을 하러 어디론가 떠났습니다. 아프리카도 갔는데,
나는 내 딸이 어떻게 된 건지 이해할 수 없습니다."

그후에 나는 어머니 말씀에 대해 생각해 보았습니다. 그러고는
어머니가 예언자라고 생각했습니다. 왜냐하면 예수님의 복음에
충실하다면, 우리는 정상이 될 수 없기 때문입니다. 뭔가를 흔들
어놓고 질문을 던져야 합니다. "왜 실직자가 많은가? 왜 가난한
사람이 있는가? 왜 매매춘이 있는가? 왜 성폭력이 있는가? 왜 하
느님의 나라가 도래하지 않는가?"

우리는 하느님의 나라가 올 때까지 계속 질문을 던지고 다른
사람에게 귀찮은 존재가 되어야 합니다. 그것은 바로 예수님께서
하신 일입니다. 그래서 예수님은 죽임을 당하신 것입니다. 사람
들을 귀찮게 만들었기 때문에 … 우리가 정말 충실하려면, 하느
님의 나라가 여기, 서울에 올 수 있도록 해야 합니다.

전 항상 선교사가 되기를 원했습니다. 제 뱃속에서부터 그것을
느꼈습니다. 여러분들의 느낌, 감정을 잃거나 소홀히 여기지 마
십시오. 하느님은 여성적인 느낌과 감정을 통해서 우리에게 말씀
하십니다. 저는 선교사로서 부르심을 받았을 때 주교님을 찾아뵙
고 "저는 선교사가 되라는 부르심을 받았습니다" 하고 말씀드렸
습니다. 주교님은 참 훌륭한 생각이라고 말씀하셨습니다. 그러고
는 어느 수녀원에 들어가겠느냐고 물으셨습니다. 제가 수녀원에
들어가려는 게 아니라, 평신도로서 선교사가 되기를 원한다고 말
씀드렸더니, 주교님은 그렇게 할 수 없다고 하셨습니다. 우리가
만들어 놓은 틀에 들어가야 한다. 주교님들의 틀, 사제들의 틀,
수도자들의 틀에 들어가야 한다고 말씀하셨습니다. 제가 정말 마

음 안에 있는 것을 따르기 위해서 자유롭기를 원한다고 말씀드렸더니 주교님은 "그렇다면, 미안하지만 선교사가 될 수 없다"고 말씀하셨습니다.

그래서 저는 하느님께 되돌아와서, "왜 마음속에서는 불러놓으시고 따를 수 없게 하십니까? 우리 피부색이 잘못되었습니까? 성별이 잘못되었습니까?" 하고 여쭈었습니다. 하느님께서 말씀하셨습니다. "나는 뒷문으로 들어오는 하느님이다. 나는 바깥, 주변에 있는 하느님이다. 내 백성을 회개시키기 위해 들어갈 수 있는 구멍을 살펴보는 하느님이다." 우리 자신들이 바로 담을 쌓고 장애물을 쳐놓습니다. 그러나 하느님은 자유롭습니다. 하느님은 높은 담 밖에서 우리를 돌려놓고, 회개시키기 위해서 들어갈 곳을 살피십니다. 하느님은 말씀하셨습니다. "주교님에게 다시 가서 말씀드려라. 가서 자원봉사자 선교사가 되겠다고 해라." 교회는 자원봉사자를 사랑하고, 자원봉사자의 틀도 있습니다. "너는 자원봉사자로서 선교사가 되고, 마음 안에서 네가 누구인지 알아라. 사람들이 뭐라고 부르든, 어떤 이름을 붙이든 그것이 문제가 아니고, 너 자신이 누구인지를 아는 게 중요하다."

그래서 저는 자원봉사자로 아프리카로 갔습니다. 거기에 갔을 때 나는 나의 하느님을 모시고 갔습니다. 나의 하느님은 백인이고, 남성이고, 가톨릭이고, 영국인이었습니다. 나는 벌판에 사는 가난한 사람들을 돕기 위해 하느님을 모시고 갔습니다. 나의 백인, 남성, 영국인 하느님을 그들과 나누기 위해 갔습니다.

그때 제가 발견한 사실 중 가장 놀라운 사실은 제가 가기 전에 하느님이 이미 거기 계셨다는 것이었습니다. 사람들의 눈망울 속에 이미 하느님이 계시다는 것을 볼 수 있었습니다. 그들이 관대하게 나누는 속에 하느님이 계셨습니다. 그들의 친절함과 소박함 속에 하느님이 계셨습니다. 제가 이해한 것은, 그리고 이해해야 했던 사실은 하느님이 크시다는 것이었습니다. 우리의 작은 생각보다 훨씬 크신 것입니다.

아프리카의 작은 마을에서 3년 동안 살면서 저는 하느님이 백인도 되고 흑인도 되고 남성도 되고 여성도 되고 모든 것이 된다는 것을 발견했습니다. 문제는, 이렇게 크고 크신 하느님을 어떻게 영국의 주교님들께 모시고 가는가 하는 것이었습니다. 전 문제에 휘말리고 싶지 않았습니다. 흔들어놓고 싶지 않았습니다. 저는 우리가 정말 예수님의 복음에 참여한다면, 문제를 일으키게 된다는 것을 깨달았습니다. 하느님은 끊임없이 우리가 개인적으로 성장하고 발견해 나가도록 부르십니다. 그리고 우리 마음이 점점 커질 수 있도록 계속 확장시키실 것입니다. 그래서 우리가 모든 사람을 사랑하도록 … 전 그것이 두려웠습니다.

영국에 되돌아가서 "이제 선교도 끝났고 교회와도 끝장입니다" 하고 하느님께 말씀드렸습니다. 제가 계속한다면 문제가 생길 것이고 곤란해질 텐데, 저는 평범한 가톨릭 신자가 되기를 원했던 것입니다. 그래서 교회 안에서 최소한의 일만 하기로 했습니다. 주일날 미사 드리고 적당량의 일을 하고 의자에 앉아 "이젠 끝났다"고 하기로 했습니다.

그리고 하느님께 "절 그냥 내버려 두세요. 저는 그냥 안전하고 편안하게 나 자신을 돌보며 살고 싶습니다" 하고 말씀드립니다. 그렇게 하면 아주 크신 우리 하느님은 바로 옆에 앉아 우리를 보시면서, "피곤하냐? 두려우냐? 내가 너와 함께 머물겠다. 너와 함께 앉아 있겠다"고 말씀하십니다. 이 크신 하느님은 우리를 절대 떠나지 않으십니다. 우리가 중단하면 하느님도 중단하시고, 우리가 포기하면 하느님도 포기하시고, 우리가 춤추면 하느님도 춤추고, 우리가 울면 하느님도 우십니다. 우리가 허락하는 만큼 우리는 영적인 여정을 할 수 있습니다. 우리는 우리 안에 역사하시는 하느님의 활동을 막을 수도 있고, 일어서며 "예, 가겠습니다" 하고 말할 수도 있습니다. 그렇게 되면 하느님은 흥분하고 기뻐하시며 우리와 함께 춤을 추십니다.

1년 동안 아무것도 하지 않으면서 저는 제 뱃속에 계신 하느님께서 무슨 말씀을 하시는지 귀기울였습니다. 그리고 서서히 일어나기 시작했는데 하느님도 나와 함께 일어나셨습니다. "우리가 선교사가 되기를 원하는 사람을 발견할 수 있다면, 함께 주교님을 뵈러 가서 저만 이상한 것이 아니라, 교회 일에 참여하고 싶어하는 사람이 이렇게 많습니다" 하고 말씀드릴 수 있을 것입니다.

그래서 자원 선교사의 계획을 짜기 시작했습니다. 교회의 선교 사명에 참여할 수 있는 사람들을 위한 계획을 짰습니다. 다른 문화권에 가서 하느님이 크시다는 것을 체험할 수 있도록, 그리고 되돌아와서 우리 자신들의 교회를 회개시킬 수 있도록. 저는 그 계획을 본당신부님께 가져갔습니다. 그러자 신부님은 "나는 평신도에게 관심이 없다"고 말씀하시면서 몬시뇰에게 가져가라고 했습니다. 몬시뇰은 외국 선교에 대해서는 아무것도 모른다고 하면서 주교님께 가져가라고 했습니다. 주교님은 그것을 읽으시더니,

"나는 이미 문제가 많기 때문에 더 이상 문제는 원하지 않는다"
고 말씀하셨기 때문에 다른 주교님을 찾아갔습니다. 그랬더니 그
분은 2년 동안 기도하라고 했습니다.

이런 식으로 저는 18개월을 길에서 보냈습니다. 영국과 아일
랜드, 스코틀랜드를 다니면서 시간을 보냈습니다. 교회로 하여금
선교하는 일에 평신도를 받아들여 달라고 부탁하며 다녔습니다.
18개월이 지나자 저는 지쳤습니다.

먼저 추기경을 뵈러 갔습니다. 추기경께서는 저를 아주 낮은
의자에 앉히셨습니다. 그리고 바로 앞에 있는 아주 높은 의자에
앉아서 저를 내려다보시며 말씀하셨습니다. "수도회를 시작하려
합니까? 서원을 하려 합니까? 재속회를 시작하려 합니까?" 제 계
획은 마음속에서 나왔지 머리로 짜낸 것이 아니었기 때문에, 그
질문들에 대답할 수가 없었습니다. 추기경님은 평신도 계획을 허
락치 않으셨기 때문에 저는 아프리카로 되돌아갔습니다.

제가 영국을 떠나자 영국에 있던 선교회가 저를 초대했습니다.
그러면서 집과 6천 달러를 주며 "우리는 당신이 하는 일을 믿으
니, 해보시오"라고 했습니다. 저는 두려워졌습니다. 어떻게 시작
해야 할지 몰랐고, 내가 시작한 일에 대해 두려움을 느꼈습니다.
이름이 있어야 사람들을 이해시킬 수 있기 때문에 저는 "자원 선
교운동 계획"이라는 이름을 붙였습니다. 전화 한 대와 타자기를
샀습니다. 그리고 외국에서 선교활동을 할 선교사들이 필요하다
는 내용의 조그만 책자를 만들었습니다. 신문에 광고를 내고 제
발 사람들을 보내달라고 하느님께 청했습니다. 그랬더니 정말 오
기 시작했습니다. 교사들, 간호원들, 목수들, 건축가들이 선교사

가 되기 위해서 왔습니다. "이럴 줄 알았다. 하느님이 우리와 함께 계시다." 저는 말했습니다.

우리는 점점 커져 500명이 되었습니다. 온 세계 26개 나라에 남성과 여성이 500명 파견되었습니다. "하느님을 보라! 우리는 해냈다"고 나는 말했습니다. 그렇게 되자 주교님이 오셔서 이 평신도 운동을 축복한다고 하셨습니다. 그러고는 저에게 상을 주셨습니다. 그해의 가톨릭 평신도 여성상이었습니다. "하느님, 제가 상을 받았습니다!" 그러고는 추기경님이 오셔서, "가톨릭 평신도 여성이여, 우리는 당신과, 영국과, 런던 교회를 위한 당신의 일을 자랑스럽게 여깁니다"라고 하셨습니다. 그래서 저는 "감사합니다, 추기경님" 하고 말했지만, 내 속에서는 뭔가 꿈틀거렸습니다.

하느님께서는 권력에 얽매이지 말고, 모든 것을 뒤로하고 계속 앞으로 나아가라고 하셨습니다. "너의 사명은 미소한 자들을 보살피는 것이다." 저는 "저는 훌륭한 일을 했고, 이제 주교님들도 저를 좋아합니다. 전 이제 중요한 사람이 되었어요. 모르시겠습니까? 가톨릭 신문에 제 사진도 나오고, 추기경님도 절 좋아하시고, 우리가 하는 훌륭한 일을 보세요" 하고 말씀드렸습니다. 그랬더니 하느님은 "이것은 너의 왕국이 아니라 나의 왕국이다. 그리고 너의 사명은 미소한 이들을 보살피는 것이고, 너는 여행을 계속 해야 한다"고 말씀하셨습니다. "하지만, 저는 여기서 너무 편하고 유명해서 어머니도 기뻐하시는데요." 그러자 하느님은 "나는 절대 너를 떠나지 않겠다. 너는 충실해야 한다". 저는 정말 그 말씀에 거부하고 싶었고 찢어지는 것을 느꼈습니다. 하지만 하느님의 말씀에 귀기울여야 한다는 것을 알았습니다. 교회를 위해 훌륭한 일을 하던 것을 멈추고 뱃속에서 나오는 말씀을 들어야 했습니다.

그래서 저는 아프리카의 사하라 사막으로 갔습니다. 좀더 넓은 공간이 필요한 사람도 있습니다. 저는 사하라에서 3개월 있는 동안 하느님께 제가 해야 한다고 생각하는 일을 할 수 있도록 내버려두시라고 말씀드렸습니다. 그런데 저는 단 한 가지를 깨닫고 아프리카를 떠나게 되었습니다. 저는 "너를 떠나지 않겠다"는 하느님의 말씀을 가지고 런던에 있는 평신도 공동체에 되돌아와, "나는 떠나야 합니다"고 말했습니다. 그들은 어디로 갈 거냐고 물었습니다. 나는 새로운 곳을 향해서 가야 하는데, 내가 안전한 이 장소로 수영해서 되돌아오지 않도록, 익숙해져 있는 장소와 다른 장소 사이에 커다란 대양이 필요하다고 말했습니다.

미국! 영국과 미국 사이에는 큰 대양이 있기에, 나는 수영하여 되돌아올 수 없을 것입니다. 미국에서 무얼 할 것인지 질문을 받고 나는 생각하기 시작했습니다. 그때 저는 15년 동안 교회 선교에 참여하고 있었습니다. 저는 평신도 여성으로서 제 마음, 꿈을 따르고 있었습니다. 하지만, 신학이나 영성을 공부한 적은 없었습니다. 나는 신학교라고 불리는 건물이 있다는 것을 알았습니다. 젊은 남성들이 한 문으로 들어가 5년 후에는 로만 칼라를 하고 부서진 사람들과, 성폭력을 당하는 사람들을 위해 사도직을 하려고 다른 문으로 나온다는 것을 알았습니다.

그 남성들이 내가 여성으로서 하지 않은 그 무엇을 그 건물에서 하고 있는지 궁금했습니다. 내가 평신도와 여성으로서 배

울 수 없는 그 무엇을 그 안에서 배우고 있는지 궁금했습니다. 나는 교회의 언어를 배우기 위해 신학교에 가야 한다고 생각하고 시카고로 신학을 배우러 갔습니다. 그리고 학위를 받아 졸업했습니다. 하느님께 "보세요, 가톨릭 평신도 여성이 이렇게 신학학위를 가지게 되었어요". 그러자 하느님께서는 그것을 집어던지라고 하시고, 저에게 다른 것을 가르쳐 주시겠다고 하셨습니다.

전 다른 것은 알고 싶지 않았습니다. 난 신학학위를 가지고 있다. 이 이상 무엇이 필요한가? "나는 너에게 다른 것을 가르쳐 주겠다. 내 말에 귀를 기울여라. 넌 왜 아무것도 하지 않느냐?" "이렇게 소외된 사람, 가난한 사람이 많은데, 어떻게 아무것도 할 수 없습니까? 하느님, 이 문제를 못 보십니까?" 이 하느님께서는 내게 할말이 있다고 하셨습니다. "이 세상은 이미 구원되었고, 너의 사명은 네가 좀더 이해하고 좀더 충실하기 위해 나를 아는 것이다. 너는 내 말을 들어야 한다." "하지만 저는 활동적인 여성이고, 선생이며, 상담가인데요. …"

저는 마음속에 계신 하느님의 말씀에 귀기울였고 어느 마을에 있는 은둔처를 발견했습니다. 그런데, 사실은 어색하고 바보같이 느껴졌습니다. 저는 신학학위도 가지고 있고 자격도 있으면서 숲속에 아무것도 하지 않고 있었습니다. 하느님의 음성을 듣기 위해 기다렸습니다. 저는 아주 소박하게 살면서 1주일을 기다렸지만, 아무 소리도 듣지 못했습니다. 한 달을 기다렸지만 아무것도 듣지 못했습니다. 저는 성서를 처음부터 끝까지 읽었지만 아무것도 듣지 못했습니다. 저는 지루해지기 시작했고, 외로워지기 시작했고, 하느님이 없는 어둠만 느껴졌습니다. 기도를 하려 할 때마다 잠이 들었습니다. 나는 숲을 거닐며 숲과 얘기하는 자신을 발견했고, 어머니 말씀대로 내가 이상하다고 느꼈습니다. 한 달, 두 달이 지나고, 다섯 달이 지났습니다. 하느님은 계시지 않았습니다. 은총도, 기쁨도, 영감도 없었습니다. 아무것도 없었습니다. 여섯 달, 일곱 달이 지났습니다. 여덟 달이 지났습니다. 저는 아주 외로웠습니다.

그런데, 아홉 달째 돌아가셨던 하느님이 다시 일어나셨습니다. 그동안 주무시던 하느님이 깨어나셨습니다. 저는 하느님의 음성을 듣고, 하느님의 부르심을 느꼈습니다. 마치, 잉태를 하고 생명의 씨를 자궁 안에 받은 여성처럼 느껴졌습니다. 마치 달이 찰 때까지, 새로운 생명이 태어나기까지 아홉 달을 기다리는 여성과 같았습니다. 저는 하마터면 유산을 할 뻔했습니다. 기다리지 못하고 내 안에 계신 하느님의 말씀을 잃어버릴 뻔했습니다. 우리는 어둠 속에서 기다리기를 두려워하고 행동과 결과만 찾습니다. 우리는 계획을 하고 아이디어를 원합니다. 그러나 하느님의 아들은 어둠에서 태어났고, 하느님은 언제나 어둠에서 태어나십니다. 우리는 무지 속에서 기다려야 합니다. 특히 여성은 이 과정을 이해해야 합니다.

문제는, 제가 어둠 속에서 하느님 음성을 들었을 때 그분은 제가 원하는 것을 하라고 하시지 않았다는 것입니다. 그것은 성적으로 학대받는 여성과 함께 일하라는 부르심이었습니다. "매매춘 여성과 … 매매춘 여성? 저는 신학학위가 있는데요, 전 매매춘에 대해 아는 게 없는데요. 매매춘 여성에게 어떻게 대해야 하는지

배운 적도 없습니다. 신학교에 있을 때 매매춘 여성을 위한 사도직 과목은 없었습니다. 제가 누구입니까? 제가 무얼 할 수 있습니까? 전 보잘것없는 평신도 여성입니다. 큰 도시로 가서 매매춘 여성을 찾아봐야 합니까? 거리를 거닐다가 '실례합니다. 당신 매매춘 여성입니까?' 하고 물어야 합니까? 그리고 그런 여성을 발견한 후에는 무엇을 해야 합니까? 저에겐 어떤 계획이나 프로그램도, 돈도 없습니다. 하느님 당신은 정말 비논리적입니다."

그렇습니다. 하느님은 언제나 비논리적이십니다. 항상 하느님 나라를 바보 같은 어리석은 사람에게 선포하라고 하십니다. 우리는 하느님 나라를 선포하기 위해 바보가 되어야 합니다. 저는 오랫동안 하느님과 다퉜습니다. 시카고에는 폭력이 많습니다. 이성이 있는 사람이라면 그 지역에 들어가지 않습니다. 저는 그 사실을 하느님께 말씀드리려 했습니다. 하느님께서는 매매춘 여성에 대해 많은 관심을 가지고 계신 것 같았습니다. 제가 침묵 속에 아홉 달 동안 귀기울였기에 하느님의 말씀을 들을 수 있고, 매매춘 여성에 관한 하느님의 관심과 사랑을 알 수 있었습니다. 하느님께서는 우리 자신과 사회, 교회에 의해 가장 거부당하는 여성들을 위해 우셨습니다. 마침내 저는 "알겠습니다" 하고 대답했습니다.

제가 느낀 것을 복음에 나오는 이야기를 통해 말씀드리겠습니다. 예수님은 아주 피곤하셨습니다. 그래서 제자들을 떠나 기도하러 산꼭대기로 가서 밤새 머무셨습니다. 그 다음날 아침 성령의 능력을 충만히 받으신 후 산에서 내려오셨습니다. 제자들은 배에 있었고, 폭풍에 맞서 싸우고 있었습니다. 성령으로 가득한 예수님은 물 위를 걷기 시작했고, 제자들은 그분을 보자 유령이라고 소리쳤습니다. 예수님은 "이리 오너라" 하고 말씀하셨고, 예수님을 알아본 베드로는 아주 흥분했습니다. 그래서 물 속으로 뛰어들어 예수님을 향해 뛰기 시작했습니다. 꿈을 향해, 그가 사랑하는 분을 향해 뛰었습니다. 베드로는 자신의 마음을, 느낌을 따라 뛰어들어 예수님을 향해 가기 시작했습니다.

그런데 갑자기 생각을 하기 시작했습니다. "내가 뭘 하고 있지? 내가 물 위를 걷고 있네? 난 물 위를 걸을 수가 없는데 …" 그러자 물 속에 가라앉기 시작했습니다. 우리가 "이 일이 가능한가? 돈은 있는가? 자원은 있는가? 다치지는 않을까? 뭐라고 말할까?" 하고 생각하는 순간부터 꿈은 사라지기 시작합니다. 물 위를 걷기 위해서는 꿈을 믿어야만 합니다. 예수님께서 "이리 오너라"라고 말씀하실 때 우리는 하느님 나라에 시선을 고정시키고 마음에서 나오는 느낌을 따라 걸어야 합니다.

저는 생각하기 시작할 때마다 두려움을 느꼈습니다. 시카고는 세계에서 폭력이 가장 많은 도시에 속합니다. 사람들은 당신 등에 칼을 꽂고, 강간을 하고, 때리고, 죽일 수도 있습니다. 제가 이 모든 것을 생각했다면, 제자로서의 여정을 걸을 수 없었을 것입니다. 그래서 저는 머리가 아닌 마음으로 거리에 나가겠다고 결심했습니다. 저는 빈민 지역으로 가서 방을 빌렸습니다. 그리고 하느님께 "당신이 방세도 내고, 음식도 제공하시면, 저는 매매춘 여성을 찾아나서겠습니다" 하고 말씀드리고는 밤거리에 나가기 시작했습니다.

거리의 여성들과 처음 만난 이야기를 하겠습니다. 저는 복잡한 사거리에 나갔습니다. 옷차림만 보아도 매매춘 여성이라는 것을 알 수 있는 네 명의 여성이 눈에 띄었습니다. 그들의 화장, 짧은 치마, 파진 옷, 장식품을 보고, 바로 이 여성들을 위해서 하느님께서 나를 보내셨는가보다고 생각했습니다. 저는 그들에게 다가가 "안녕하세요?" 하고 인사했습니다. 그러자 그들은 "꺼져버려" 하고 말했습니다. 저는 제 방으로 도망쳐 왔습니다. 문을 닫고 "당신의 매매춘 여성에 대해 뭘해야 할지 당신은 알고 계시겠죠?" 하고 하느님께 여쭈었습니다. 하느님께서는 다시 돌아가라고 하셨습니다. 이 하느님은 절대 포기하지 않고 우리를 계속 재촉하십니다. 하느님 나라와 정의를 위해 계속 용감하게 도전하라고 부르십니다. "하느님, 지금까지 저에게 그렇게 심한 말을 한 사람은 없었어요. 저에게 그런 말을 하는 사람은 교회에 없었어요." 그러자 하느님은 "나는 절대 너를 떠나지 않겠다. 너는 충실해야 한다"고 말씀하셨습니다.

다음날 저는 다시 돌아갔습니다. 그들은 또 거기에 있었습니다. 나는 또 "안녕하세요?" 하며 말을 걸었습니다. 그랬더니, 그들은 빈정대며 "아니, 이게 뭐야, 우리가 꺼져버리라고 했잖아!" 하고 말했습니다. 내가 "나도 여기 서 있을 권리가 있어요" 했더니, "여긴 우리 자리야!" 하며 가라고 했어요. "당신은 여기 속하지 않아", "나도 여기 서 있어도 돼요", "여기는 우리가 서 있는 곳이니 가라", "나도 여기 서 있겠어요" … 한참 실랑이를 한 후 그들은 "당신 도대체 누구냐?"고 물었습니다. "당신 경찰이지?", "아니, 나는 경찰이 아니예요", "그러면 신문기자? 우리에 대해 뭘 쓰려고 하는 거지?", "아니오, 아니오", "당신 수녀요?", "아니오, 나는 가톨릭 평신도 여성입니다", "당신 도대체 누구요?", "난 그냥 여성입니다. 난 단지 당신들을 알고 싶어 여기 서 있는 겁니다. 나는 외국 여성입니다."

나에게는 외국인이라고 씌어 있는 신분증이 있었는데, 한쪽에는 지문이 있고, 다른쪽에는 귀의 사진이 있는데, 이민국에서는 사람들의 귀가 각자 특이하다고 믿기 때문에 귀를 사진찍습니다. 그래서 신분증을 만들러 갈 때, 지문을 여섯 번 찍고 귀의 사진을 찍습니다. 그리하여 이게 바로 나라는, 지문과 귀의 사진과 외국인이라는 글씨가 있는 신분증을 가지게 됩니다. 여성들은 그걸 보고 웃으며, "저 여자는 아무것도 아니야, 외국 여자일 뿐이야".

그때 저는 하느님도 웃으시는 것을 느꼈습니다. 하느님께서 우리를 보호하는 제도들을 모두 빼앗아가실 때, 모든 것을 빼앗기고 벌거벗은 채 신앙만 가지고 갈 때, 그때 거기에 하느님이 기적을 창출해 낼 수 있는 공간이 생깁니다. 우리는 성령의 길을 제의나 책이나 제도로 막습니다. 우리는 여러 가지로 그 길을 막습니다. 우리는 아무것도 가지지 않고 단지 믿기 때문에 나아갑니다. 단지 조그만 빛과 누룩과 소금을 가지고 가고, 그 나머지는 하느님께서 하십니다.

매매춘 여성들이 제가 아무것도 가진 게 없고, 무엇을 하고 있는지 모르고 있다는 것을 알았을 때, 저에 대해 위협을 느끼지 않았습니다. 그들은 제가 빈손으로 마음만 가지고 왔다는 것을 깨닫고는 제 손을 잡고 선생이 되었습니다. 저를 매매춘 여성의 세계와 마약 세계에 소개시켜 주었습니다. 저는 마치 수련자 같았습니다. 그 여성들이 저를 인도할 때 저는 그들과 함께 걸어야 한다는 것을 알았고, 제 유일한 사명은 그들이 누구인지 이해하고, 왜 그들이 그런 일을 하는지 알기 위해서 그들의 말에 귀를 기울이는 것이었습니다. 우리는 해답이 아니라 질문을 가지고 가는 것입니다. 그러기 위해서는 몇 달 동안 그저 길거리에 서 있어야 한다는 것을 알았습니다.

이 사회는 결과를 보고 싶어하기 때문에 어려움을 겪습니다. "당신 지금 뭘하고 있습니까? 몇 사람이나 도왔습니까?" 등의 질문을 합니다. "나는 배우고 있습니다." 내가 그들이 일하는 곳에서 배운다는 것을 알았을 때, 그들은 자신들의 분노, 폭력, 공격성의 가면을 하나하나 벗기 시작했습니다. 우리는 항상 외적인 것만 봅니다. 우리는 뉴스나 길거리에서 그 여성들의 외적인 면만 봅니다. 그들이 우리를 사랑하고, 우리가 그들을 사랑하기 시작할 때야 비로소 그들은 그 가면들을 벗습니다.

저는 그렇게 겉으로 폭력적이고 공격적인 매매춘 여성의 94%가 어렸을 때 근친상간의 경험을 가졌다는 것을 알게 되었습니다. 그들은 세 살, 네 살, 다섯 살 때 처음으로 아버지, 아저씨, 할아버지에게 강간을 당하고 성적으로 학대당했습니다. 아동기에 성적·심리적·신체적으로 학대받는다는 것은 무엇을 의미합니까? 그들은 대통령도 되지 못하고 대학생도 되지 못합니다. 제가 함께 일하는 여성들은 자기 자신을 아무것도 아니라고 생각합니다.

성적 학대는 자긍심을 없애버립니다. 자신이 더럽다고 느끼고 죄의식을 느낍니다. 자신들에게 책임이 있다고 여기고 스스로를 증오하게 됩니다. 사랑해 주는 사람이 없으면 스스로를 사랑할 수도 없습니다. 그래서 살고픈 욕망도 없고, "나랑은 상관없다. 아무도 나에게 관심이 없고, 나도 나에게 관심이 없다"고 말하고, 우리는 그 말을, 그들이 자신에 대해 하는 말을 믿고 똑같이 생각합니다. 우리는 그들이 죄인이고 폭력적이고, 가치없고, 유혹하는 여자라고 여기게 됩니다.

우리는 질문해야 합니다. 더 깊이 들여다봐야 합니다. 예수님께서는 항상 심층을 들여다보셨습니다. 우리는 원죄가 뭔지 물어야 합니다. 어려서 순결이 짓밟혔을 때의 원죄가 무언지, 삶에 대한 희망을 모두 잃게 만드는 원죄 … 그 많은 여성들이 어렸을 때부터 그 모든 것을 빼앗겼습니다. 순결과 희망을 빼앗겼습니다. 사람들은 성장한 그 여성들의 모습만 보고 무서운 사람이라고 생각합니다. 그런데 어린아이를 동정하기는 쉽습니다. 하지만 그 아이가 자라서 매매춘 여성이 되면 "저 여자는 나쁘다"고 생각합니다. 우리는 그들 안에 있는 어린아이를 발견해야 하는데, 그전에 그들 안에 어린아이가 있다는 것을 믿어야 합니다. 거리의 여성들이 가면을 벗기 시작하자 저는 감당하지 못할 고통을 보고 거의 무너지는 듯했습니다. 그렇게 심한 고통을 본 적이 없었기 때문입니다.

한 여성에게 아이를 가진 적이 있느냐고 물었습니다. 그러자 그 여인은 웃으면서 "아이들요? 나는 세 살 때 아저씨한테 강간당해서 내부가 파괴되었기 때문에 아이를 가질 수 없습니다. 지금 내가 하고 있는 일은 내가 할 수 있는 유일한 일입니다". 감옥에 있는 여성을 방문했을 때 그 여성은 제 팔에 안겨 울었습니다. "어렸을 때 아버지는 항상 나와 함께 의사놀이를 즐겼습니다. 그는 나를 침실로 데리고 가서 의사놀이를 했지요." 저는 "당신은 지금 감옥에 있는데, 당신 아버지는 지금 어디에 있느냐?"고 물었습니다. 우리는 단지 여성만 보고 그들의 죄만 보는데, 그들을 그렇게 만든 가해자의 죄는 보지 못합니다.

저는 수지란 열일곱 살 난 여성을 만났습니다. 시카고 경찰국과 사회사업가들은 그 여성을 멀리하라고 했습니다. 그녀는 난폭한 데다가 가망이 없다는 것이었습니다. 그녀는 이미 여덟 가정에 입양된 적이 있다고 합니다. 내가 처음 수지를 만났을 때 그녀는 뒷주머니에 두 자루의 총을 차고 있었습니다. 우리는 그 분노의 이면을 봐야 합니다. 나는 여러 해 동안 수지와 함께 있었습니다. 하루는 수지가 "우리 어머니는 나를 잔혹하게 대했습니다" 하고 말하면서 블라우스를 들치고 등을 보여주었습니다. 등에 상처가 많았습니다. "내가 어렸을 때, 엄마는 내 팔목과 다리를 붙잡고 뜨거운 물에 넣었다 건졌다 했어요. 제 손을 보세요. 어머니는 내 손을 잡고 살이 타오를 때까지 난로 위에 대고 있었습니다."

시카고의 거리에서 몸을 판다는 게 하나도 이상할 게 없습니다. 아무도 사랑해 주지 않는다면 죽을 수밖에 없는 것입니다. 우리는 "어린 소녀야, 너는 왜 몸을 팔고 있니?" 하고 물어야 하고, 그들이 "썩 꺼져버려"라고 대답할 것을 예상해야 합니다. 그들은 자신을 방어하고 고통 속에 숨기 위한 말밖에 할 수가 없습니다. 그들이 살아남기 위해서는 폭력적이고 공격적이고 강할 수밖에 없습니다.

그런데, 아이들에게 사랑이 얼마나 중요한지 알고 있는 우리 여성들은 그 여성들을 이해해야 합니다. 그리고 매매춘 여성에게 주어지는 여러 말들, 그들을 비하시키는 말을 가지고 평가할 것이 아니라, 그 이면을 보면서 그 밑에 있는 어린아이를 보아야 합니다. 그 여성들의 얘기를 들어야 합니다.

54세의 메리라는 여성 … 14세부터 몸을 팔기 시작해 지금 54세가 된 이 여성이 지금 할 수 있는 일은 무엇이겠습니까? 메리는 "나는 14년 동안을 절망의 광야에서 헤맸다"고 했습니다. 나는 기차 역에서도 사람들을 만나고, 맥도날드에서도 만나고, 길거리에서도 만났습니다. 그리고 항상 "저는 이렇게 하고 싶지 않아요" 하고 하느님께 외쳤고, 하느님은 제게 "내 자녀들을 찾아라" 하셨습니다. 경찰은 자신들이 이 여성들을 잘 안다고 말하며, 괜히 시간 낭비하지 말라고, 이 사람들이 나를 속이고 뭔가 훔쳐갈 거라고 말하며 내가 속한 교회로 돌아가라고 했습니다.

당신은 어디에 속해 있습니까? 예수님은 어디 계십니까? 저는 이 사회가 어떻게 대응하는지 들어보았습니다. "저 사람들은 흉측한 사람들이다. 우리 불쌍한 남자를 유혹하고, 우리 형제·아들·남편을 유혹하는 여자들이다." 죄가 없는 사람이 돌을 먼저 던지시오. 저는 교회의 말을 들어봅니다. 그들은 죄를 용서받아야 합니다. 그러나 먼저 우리 죄를 용서받아야 합니다. 예수님의 복음에 충실하려면, 우리 자신을, 이 시대 우리의 내면, 이면을 보아야 합니다.

여성들과 일하는 데 중요했던 것 중의 하나는 윤락가에 가는 것이었습니다. 윤락가란 여인들이 있고 남자들이 잠자러 오는 곳입니다. 그런 윤락가에서 일한다는 것은 어떻게 생각하면 아주 무서운 일인데, 그런 일에 나 자신이 맞지 않기 때문입니다. 우리는 대개 익숙해져 있고, 잘할 수 있는 일을 할 때 안정감을 느낍니다. 저는 성서를 알고 교회 구성원을 알기 때문에 교회에서 안정감을 느낍니다. 주제도 알고 학생들도 알기 때문에 가르칠 때도 안정감을 느낍니다.

그런데 하느님께서 방향을 바꾸도록 우리를 움직이실 때, 우리는 갑자기 불안정한 곳에 있게 됩니다. 지금까지 교회는 강론을 충분히 해왔습니다. 이제는 어둠 속에 앉아 있는 사람을 찾아나서야 할 때입니다. 어둠 속에 고통을 느끼고 있는 그들과 함께해야 합니다. 무슨 말을 해야 할지 몰라도 괜찮습니다. 우리 자신이 통제력을 잃을 때 하느님이 가장 자유롭게 활동하십니다. 해를 거듭하면서 우리 마음이 굳어진 것 같습니다. 고통이 심한 곳에 갈 때, 그 굳어진 마음이 무너져서 마치 스폰지같이 부드러워질 수도 있을 것 같습니다. 그래서 그 폭력과 고통을 흡수할 수 있게 될 것입니다. 이러한 과정은 말없이 단지 느낌과 고통만 가지고 할 수 있는 과정입니다. 우리가 어둠 속에 앉아 아무 말도 하지 않을 때 하느님께서는 기적을 행하실 수 있습니다.

러스티라는 여성의 이야기를 해드리겠습니다. 러스티는 긴 머리를 노랗게 물들였고, 팔에는 마약 주사 자국이 많습니다. 아주 짧은 치마와 목이 파진 블라우스를 입었습니다. 나이는 마흔 살이었지만 20대처럼 보이려고 애썼습니다. 저는 윤락가에서 그 여성들과 함께 앉아 남자들이 들어오길 기다렸습니다. 그 윤락가에 오는 남자들은 농민이나 트럭 운전사 같은 가난한 사람들이 아니라 정치가들, 의사들, 교사들 같이 존경받는 사람들입니다. 경찰청장 같은 사람이 경찰복을 입고 들어옵니다. 그는 공짜로 관계를 가집니다. 시카고의 정치인들도 양복과 넥타이를 매고 옵니다. 저는 사회에서 존경받는 사람들이 오는 것을 봅니다.

그런 사람들이 들어올 때는 인사하고 존경을 표시하는데, 그 여성들을 창녀니 뭐니 하며 비하시키는 말로 부릅니다. 그런데 매매춘을 위해서는 남성과 여성이 다 있어야 합니다. 저는 예수님이 "독사 같은 족속들아, 회칠한 무덤 같은 족속들아" 하고 말씀하신 이유를 알 수 있었습니다. 이중 가치관을 가지고 사는 사람들이었습니다. 이런 이중 가치관, 기준은 하느님 나라와는 아무 상관 없습니다. 오히려 위배되는 것입니다. 윤락가에서 무슨 말을 할 수 있겠습니까? 정말 변화되기 위해서는 마음이 무너져야 합니다. 여성의 연민은 어떤 변화를 가져올 수 있습니다.

우리가 동그랗게 앉아 있으면 어떤 남자가 들어와서 원하는 여성을 선택하려고 둘러봅니다. 갑자기 가장 나이가 많고 얼굴도 가장 초라해 보이는 러스티가 일어나더니 그 남자 앞으로 가서 자신의 몸을 보여주기 시작했습니다. 자기를 선택하라고 … 그 남자는 그녀의 몸과 손을 보고는 그녀를 옆으로 밀치고 다른 여성을 택합니다. 조금 후에 또 다른 남자가 들어왔습니다. 책으로 얼굴을 가리고 앉아 있던 러스티는 책을 내려놓고 자신을 데려가라고 또다시 일어나 웃으며 춤을 추었습니다. 그 남자 역시 러스티를 밀쳐내고 다른 여자를 택했습니다. 러스티는 자기 자리로 되돌아가 책을 집어들고 얼굴을 가리고 앉았습니다. 세번째도 똑같은 일이 벌어지고 러스티는 다시 자기 자리에 앉습니다. 저는 러스티 옆에 앉아 있었는데, 그 책 뒤로 러스티의 떨리는 입술과 눈물을 보았습니다.

남아 있는 것이라곤 팔 몸밖에 없는데, 아무도 그것을 원하지 않을 때, 10불을 주고 사려 하지 않을 때, 자신에게는 아무것도 남아 있지 않다는 사실을 확인하게 됩니다. 그럴 때 뭐라고 할 수 있겠습니까? 아무 말도 할 수 없습니다. 그 고통은 말로 표현할 수 없을 정도로 깊습니다. 저는 내 팔을 러스티의 어깨에 얹고 눈을 들여다보면서 마음속 깊이에서 나오는 연민의 정을 보내는 수밖에 없었습니다. "정말 안됐어요"라는 말밖에 할 수가 없었습니다. 난생 처음으로 여성이 자신의 몸을 팔려고 하는데 선택되지 않은 것에 대해 아주 안타까워했습니다.

만져주는 것밖에 할 수 없을 때가 있는데, 여성들은 그런 일을 잘할 수 있습니다. 성서에 "고통스러워할 수 있는 자만이 노래를 부를 수 있다"는 말씀이 있습니다. 우리는 그 말씀을 믿어야 하고, 최초의 회개는 우리 마음에서 나온다는 것을 믿어야 합니다. 그렇게 하는 것이 새로운 방법으로 봉사하고 사도직을 하는 것입니다. 강론이나 설교를 하는 것도 아니고 눈에 띄는 결과도 없습니다. 사랑과 치유와 함께하는 바로 그것입니다. 우리 교회의 남성들은 이 점을 이해하지 못할 수도 있지만, 여성들은 이 점을 꼭 알아야 합니다. 우리가 일을 할 때 하느님께서는 항상 경쾌하고 기쁜 즐거움을 섭리해 주십니다.

언젠가 우리가 말없이 앉아 있는데, 어떤 남자가 들어오더니 나를 가리키며, "이 여자를 택하겠다"고 했습니다. 그러자 주인이 "에드위나는 택할 수 없다"고 말했습니다. 그래도 그 남자는 나를 택하겠다고 말했습니다. 그러자 다른 여성들은 잘됐다고 말하면서 어떻게 하는지 가르쳐 주겠다고 했습니다. 나는 성모송을 외우며 기도했습니다. 남자는 지갑을 꺼내 20불을 세기 시작했습니다. 여주인은 그 돈을 보기 시작했고, 저도 그 돈을 바라보았습니다. 저는 교회에서 일하는 것보다 윤락가에서 일하는 것이 돈버는 데는 낫겠다는 생각이 들었습니다. 그러자 여주인은 "에드위나는 성병이 있어서 데려갈 수 없어요" 하고 말했습니다. 저를 보호하려고 그 말을 한 것입니다.

저는 주인에게 다음주에 성당에서 강론을 할 거라고 말했습니다. 그러자 주인은 박수를 치며 다른 여성들도 같이 가자고 했습니다. 저는 오지 말라고 했습니다. 주일날 저는 복음 후에 제대 앞으로 나갔습니다. "성부와 성자와 성령의 이름으로 …" 하는 순간, 나는 중앙에 그들이 와 있는 것을 보았습니다. 매매춘 여성들이 한줄 앉아 있는 것입니다. 숨이 넘어갈 정도로 놀랐습니다. 간신히 강론을 마쳤습니다. 그 여성들이 저를 자랑스럽게 여기는 듯 손을 흔들며 바라보았습니다. 미사가 끝나고 성당 뒤로 갔는데, 주인과 여성들이 재빨리 사라지고 있었습니다. 나는 지지해줘서 고맙다고 했습니다. 그러자 여주인은 "아침 사업은 망쳤지만, 온 보람이 있었다"고 말했습니다. 그중 한 여성이 말하길, "에드위나 당신은 우리가 있는 윤락가에 와서 우리 고통중에 함께 앉아 있어요. 이 교회는 당신의 자리인데, 당신은 여성으로서 하지 못하는 일들이 많다는 것을 압니다. 당신이 우리를 지지하기 위해 윤락가에 오듯이 우리도 당신을 지지해 주러 교회에 왔어요"라고 말했습니다. 나는 하느님께서는 정말 뒷문으로 들어

오시고 놀라운 일을 보여주신다는 것을 알았습니다. 교회에서 여성으로서 지지받지 못했지만, 그 매매춘 여성들이 저를 지지해 주고 협조해 준다는 것을 알게 되었습니다.

우리는 여성들 사이에 있는 벽을 먼저 무너뜨려야 더 큰 벽을 허물 수 있습니다. 우리는 우리 스스로가 만드는 희생물입니다. 여성으로 무슨 일을 하든 우리는 어떤 방법으로든 억압받고 무시당합니다. 다른 사람보다 더 심하게 억압받는 여성들도 있습니다. 저는 14개월을 거리에서 여성들과 지낸 후에, 그 여성들에게 와서 울 수 있는 장소가 있어야 한다는 것을 알았습니다. 우리에게는 울 수 있는 장소가 필요합니다. 여성들이 다른 사람들의 비웃음을 두려워하지 않고 마음속에 있는 고통을 느끼고 울 수 있는 장소가 필요합니다.

저는 집을 하나 발견하고 그 집을 "창조의 집"Genesis House이라불렀습니다. 그러고는 거리에 있는 여성들, 감옥에 있는 여성들, 윤락가에 있는 여성들을 초대했습니다. "여기서는 당신을 때리거나 비웃거나 학대하는 사람이 없습니다. 여기 안전한 장소에서 우리는 마음속의 어린아이와 만날 수 있게 될 것입니다. 정서적·심리적으로 학대받고 고통받은 아이들은, 신체적으로는 성숙했지만 정서적·심리적으로는 어린아이인 경우가 많습니다. 그 사람들이 정말 존중받을 수 있는 어른으로 성장하기 위해서는 그 마음속의 어린이를 발견해서 서로 만날 수 있는 공간이 필요합니다. 시간이 지나면서 여성들이 오기 시작했습니다.

문앞에 왔다가 도망가는 여성도 있었습니다. 새로운 것을 시작하는 것보다 자기가 있던 곳에 머무는 것이 더 쉽습니다. 그런데 그들은 아주 서서히 찾아오기 시작했습니다. 그래서 10년이 지난 오늘날, "창조의 집"에서는 스물한 명이 일하고 있는데, 매년 7천 명의 매매춘 여성들에게 봉사하고 있습니다. 그 중 열여덟 명은 전에 매매춘을 하던 여성들입니다. 자신들도 그런 길을 걸어왔기 때문에 다른 자매들이 어떤 고통을 받는지 잘 이해합니다. 그 여성들은 자신들이 그 고통을 받았고 부활을 체험했기 때문에 가장 아름다운 봉사자들입니다. 저 역시도 부활을 보았고 그들의 눈에서 매일 그 부활을 봅니다. 이런 새로운 분야로 사도직을 개척한다고 해서 우리가 끊임없이 고통을 당한다고 생각할 필요는 없습니다. 그것은 우리 공동체에 새로운 생명을 줄 것입니다.

"창조의 집"에 있는 여성 중에 수지라는 사람이 있습니다. 지금 수지는 대학교에서 원예학을 공부하고 있습니다. 이제는 총 두 개를 뒷주머니에 차지 않고 자신을 귀하게 여기며 살고 있습니다. 우리는 언제 하느님을 만날지 모릅니다. 새로운 곳을 향해 걸어갈 때 언제 하느님을 만날지 모릅니다.

어느 날 나는 아주 더럽고 가난한 시카고의 거리를 걷고 있었습니다. 아주 늦은 밤이었습니다. 그런데, 제 뱃속에서 술집에 들어가라는 소리가 들려왔습니다. 내 머리는 안된다고 했지만 마음은 그렇게 하라고 했습니다. 하느님은 비논리적이시라는 것, 기억하시지요? 저는 캄캄한 그곳에 들어갔습니다. 사람들의 몸이 느껴지고 술냄새가 났습니다. 저는 의자에 앉았습니다. 술집 주인은 뭘 원하느냐고 물었고, 저는 와인 한 잔을 시켰습니다. 저는 "술 한 잔을 시켜놓고 내가 여기서 뭘 하고 있지?" 하고 생각했습니다. 저는 거기서 하느님을 찾고 있었습니다.

나이가 많은 여인, 한 58세쯤 된 여인이 들어왔습니다. 그녀는 내 옆에 앉아 술병을 가지고 오라고 주문했습니다. 그리고 잔에 술을 따르며 나보고 인사했습니다. 나도 인사했습니다. 저보고 배가 고프냐고 물어보길래 좀 그렇다고 했습니다. 그랬더니, 잘 됐다고 말하며 자기도 3일 동안 아무것도 먹지 못했다고 말했습니다. 그러고는 방금 저 가게에서 훔쳐온 빵을 나눠먹을 사람을 찾고 있었다고 말하며 가방에서 빵을 내놨습니다. 또 참치 통조림을 꺼내서 한 손에 빵을 들고 그 위에 참치 한 덩어리를 집어 놓았습니다. 그러고는 빵 하나를 그 위에 얹고는 나에게 주었습니다. 나는 그 샌드위치를 먹으며 내가 뭘하고 있는지 스스로 물었습니다.

그런데, 그 여자가 말하기 시작했습니다. "요즘은 너무 힘들어. 하루에 5달러밖에 벌지 못하고, 운이 좋아야 10달러를 벌어. 살기가 너무 힘들어." 나는 그게 무슨 뜻인지 몰랐습니다. 그 여자는 나를 보며 "당신은 아직 젊군요. 당신 몸은 아직 젊군요. 나는 경험으로 남자들이 어디로 가는지 알고, 당신은 몸이 있으니 우리는 함께 일할 수 있겠어" 하고 말했습니다. 처음에는 무슨 뜻인지 몰랐는데 갑자기 이해하게 되었습니다. 그 여성은 나이가 많은 매매춘 여성이었습니다. 나이가 쉰여덟 살이었기 때문에, 더 이상 일할 수 없었고 나를 매매춘 여성으로 보았던 것입니다. 내가 매매춘 여성이 아니라고 말하자, 그녀는 그러냐고 반문하며 여기서 뭘 하고 있는 거냐고 물었습니다.

"그냥 술을 한 잔 마시고 있다"고 했습니다. 그러자 그녀는 여기는 매매춘 여성들이 오는 술집이며, 남자들이 여기로 여성들을 고르러 온다고 했습니다. "저는 가톨릭 사도직을 하는 사람입니다", "뭐라구요? 그럼 당신 여기서 뭘 하는 거요? 여기는 당신이 올 곳이 아니오. 여긴 크리스천이나 가톨릭 신자가 온 적이 없는데 당신 여기서 뭘 하고 있소?", "모르겠어요. 하느님을 찾고 있어요", "당신이 봉사자이고, 크리스천이라고요? 당신과 같은 사람이 여기에 온 적은 한 번도 없어요." 그러고 나서 그녀는 울기 시작했습니다.

그러고는 자신의 이야기를 하기 시작했습니다. 어렸을 때 많은 학대를 받다가 여덟 살 때부터 자신의 몸을 팔기 위해 거리로 나섰다고 했습니다. 50년 동안 그 일 외에는 한 것이 없었습니다. 여덟 살 때부터 감옥과 길거리에서만 시간을 보냈는데, 이제 너무 늙어버린 것입니다. 뭘 할 수 있겠습니까? 그 더러운 장소에서 그날 제가 한 일은 그녀를 제 품에 안은 것뿐이었습니다. 그녀는 제 어깨에 얼굴을 대고 두 시간 동안 울었고, 저도 그녀에게 기대어 울었습니다. 두 여자 — 매매춘 여성과 봉사자 — 가 서로 자매가 되고자 하는 갈망만 품은 채 서로를 안고 있었습니다. 다음날 새벽 두시에 나는 거기를 떠나 거리를 걸으면서 방금 일어난 일을 이해하려 애썼습니다.

하느님을 찾으러 바에 들어갔는데 거기서 나이가 많은 여인을 보았습니다. 그녀는 빵을 가져와 쪼개서 나에게 주었습니다. 생선도 주었습니다. 술도 함께 나누어 마셨습니다. 그러고는 자신의 이야기를 해주었습니다. 또 저에게 키스도 해주었습니다. 저는 그때 그 더러운 장소에서 성찬이 있었다는 것을 깨달았습니다.

우리는 다른 면을 볼 수 있는 눈과 들을 수 있는 귀가 있어야
합니다. 우리가 밑을 볼 때, 더러운 쓰레기더미에서 다이아몬드
를 발견할 수 있게 됩니다. 우리가 겨자씨만한 신앙이 있다면 산
을 움직일 수 있다고 예수님은 말씀하셨습니다. 산이 우리 밖에
있는 것이 아닙니다. 사람들은 매일 그 산을 움직이고 있습니다.
돈과 불도저만 있으면 그렇게 할 수 있습니다. 우리가 움직여야
하는 산은 바로 우리 안에 있습니다. 의심을 하는 산, 믿지 않는
산, 걱정을 하는 산, 두려워하는 산입니다. 이러한 산들을 우리
가 무너뜨리고 믿음으로 앞을 향해 하느님의 기적을 행하기 위해
나아가야 합니다.

제가 되돌아보고 자원봉사자 운동 — 전세계에 있는 1,200명
이상의 선교사들 — 을 볼 때, 그리고 해마다 7,000명의 매매춘
여성이 찾아오는 "창조의 집"을 바라볼 때, 정말 놀라게 되고
"하느님, 우리는 해냈어요! 우리는 미니스커트를 입은 가톨릭 평
신도 여성인데 해냈어요!" 하고 말했습니다. 여성은 이것도 할
수 없고, 저것도 할 수 없다고 말하지만, 하느님은 그것을 꿰뚫
으셨습니다. 왜냐하면 우리는 믿음만 가지고 있으면 산을 옮길
수도 있기 때문입니다. 여성은 이것을 믿어야 하고 변해야 합니
다. 저는 체험으로 아는 것만 얘기할 수밖에 없습니다. 우리는
두려워해서는 안됩니다.

이야기를 또 하나 하겠습니다. 숲속을 거닐다가 두 마리의 고
양이에게 잡혀 있는 다람쥐를 보게 되었습니다. 이 고양이들은
다람쥐를 서로 던지고 있었고, 다람쥐는 공포에 떨고 있었습니
다. 저는 가서 고양이를 쫓아버리고 그 조그만 다람쥐를 집어들

었습니다. 그것은 떨고 있었는데, 털도 빠졌고 두 눈은 공포에 질린 채 커다랗게 뜨고 있었습니다. "이제 내 손에서는 안전할 거다. 이제 괜찮다. 안전한 곳을 찾아주겠다"고 하며 안고 가는 데 다람쥐가 나를 물었습니다. 저는 더욱 빨리 걷기 시작했는데, 다람쥐는 또 저를 물었습니다. 손에서 피가 났습니다. 저는 그 바보 같은 다람쥐를 내던지고 싶었습니다. 그렇지만 그렇게 하지 않고 안전한 곳을 찾아 놓아주었습니다. 그리고 돌아오며 "바보 같은 다람쥐, 바보 같은 다람쥐" 하고 중얼거렸습니다.

그 다람쥐는 제가 무슨 일을 해주고 있는지 깨닫지 못한 것입니다. 문제는 제가 다람쥐와 의사소통을 할 수 없었다는 데 있었습니다. 그래서 그 다람쥐는 분노와 공포로 저를 깨문 것입니다. 그때 저는 하느님에 대해 생각하기 시작했습니다. 이건 바로 하느님의 경험이라는 생각이 들었습니다. 하느님은 당신 손 안에 있는 우리를 품어주십니다. 그런데도 우리는 두려워합니다. 하느님은 괜찮다며 두려워하지 말라고 하시지만 우리는 깨뭅니다. 하느님의 손은 우리 이빨자국으로 덮여 있을 것입니다. 우리가 충실하기만 하다면 하느님이 우리와 함께하신다는 것을 믿어야 합니다. 하느님은 우리를 안전한 곳에 놔주실 것입니다.

오늘 제가 말씀드린 모든 것을 하나의 이야기로 마무리지으려고 합니다. 어느 날 저녁 저는 아주 피곤했습니다. "창조의 집"에는 많은 여성들이 드나들었기 때문에 저는 아주 조용히 지내고 싶었습니다. 매매춘 여성도 오지 않고 포주도 오지 않는 아주 조용한 저녁이었으면 좋겠다고 생각했습니다. 저는 수녀님들과 친구들을 초대해서 함께 맛있는 저녁식사를 하고 싶었습니다. 성적인 문제나 감옥 혹은 포주에 대해 이야기하는 대신 신학에 대해 이야기했으면 좋겠다고 생각했습니다. 그날 저녁에는 대부분 여성들이 나가서 조용할 거라고 생각했습니다. 그래서 식사 준비를 하고 친구들 ─ 수녀님 두 분, 평신도 두 분, 신부님 한 분과 수사님 한 분 ─ 을 초대하여 맛있는 저녁식사를 나누면서 훌륭한 신학 이야기를 하려던 참이었습니다.

갑자기 문이 열리더니 머리가 사방에 흐트러진 매매춘 여성이 울며불며 들어왔습니다. "더 이상 못하겠어요." 저는 식사중이니 조용히 하라고 했습니다. 그랬더니 그녀는 "잘됐군요, 저 배고파요" 하고 말했습니다. 저는 앉으라고 했습니다. 그런데 몇 분 후에 문이 또 열리더니 덩치가 큰 포주가 들어왔습니다. 그는 "내 여자 어디 있나?"고 물었습니다. 저는 식사중이라고 조용히 하라고 하면서 배고프지 않냐고 묻자 그도 아직 식사를 못했다고 했습니다. 저는 그날 밤이 제가 예상했던 것과는 다르리라는 것을 직감했습니다. 그런데 몇 분 후에 두 명이 더 왔습니다. 그래서 우리 모두가 앉았고, 저는 신학적이 아닐 것이란 사실을 알았습니다.

손님 중 한 분은 아일랜드 수사였습니다. 성모 설지전이란 수도원에서 온 분으로 마치 눈처럼 순수한 분이었습니다 그런데 그 수사님 앞에 두 매매춘 여성이 앉아 있었습니다. 매매춘 여성들은 너무나 많은 사람들을 대해 왔기에 사람을 보면 그 사람이 어떤지 잘 압니다. 그녀들은 이 수사님이 순결하다는 것을 금방 알아챘습니다. 한 여성이 "수사님, 눈이 참 아름답군요" 하고 말했습니다. 저는 그러지 말라고 했습니다. 어쨌든 재미있는 저녁이었습니다. 그런데, 매매춘 여성 중 한 명이 함께 기도하자고 제안했습니다. 저는 거절했습니다. 그러자 신부님이 좋은 생각이라고 했습니다. 수녀님도 찬성했습니다. 그래서 우리는 기도실이 있는 지하로 내려가 바닥에 원으로 앉았습니다.

저는 "누구든지 기도하고 싶은 사람은 자율적으로 기도하세요"라고 말했습니다. 매매춘 여성 중 한 명이 "주님은 나의 목자, 우리는 주님의 양떼 … 할렐루야 …" 하며 노래했습니다. 그러고 나서 수사님이 기도하겠다고 하며 라틴어로 된 성모 찬가를 불렀습니다. 그랬더니, 그 남자 포주가 무슨 말인지 모르니까 이 사람이 무슨 말을 하냐고, 어떤 종교 집단의 예식이냐고 물었습니다. 제가 이 언어는 교회의 언어니 걱정하지 말라고 했습니다. 그러자 그 남자가 일어나 자기 여자에게 가더니 그녀를 때리며 기도하라고 했습니다. 저는 그 여자를 건드리지 말라고 했습니다. 그러나 자기 여자도 수사님이나 다른 여성처럼 기도할 수 있다고 말했습니다. 즉, 자신도 할 수 있다는 것을 보여주고 싶어 했습니다. 여자는 침묵중에만 기도할 수 있다고 말했습니다. 저는 우리 전부 일어나서 손을 잡고 머리를 숙여 방 안에 하느님의 축복이 내리도록 침묵중에 기도하자고 했습니다.

우리는 그 지하 기도실에서 일어서서 손을 잡았습니다. 매매춘 여성과 신부님과 포주와 수녀님과, 흑인과 백인, 여성과 남성, 평신도와 수도자 … 모두 함께 그 작은 장소에서 손을 잡고 아무 말도 하지 않았습니다. 그리고 우리가 손을 잡고 있는 그 침묵중에, 성령의 능력이 나타나는 것을 느꼈습니다. 그리고 "이것이 나의 왕국이다"라고 하는 말씀도 들려왔습니다. 사제와 매매춘

여성, 포주와 수도자, 백인과 흑인, 수도자와 평신도, 여성과 남
성이 단지 믿어야 한다는 것만을 알면서 서로 손을 잡고 침묵중
에 머리를 숙이고 있는 것이 하느님의 나라라는 것을 ….

나 눔

우리는 우리들의 이야기를 할 뿐이다.
우리는 함께 앉아 서로 영혼의 여정에 대해 들었다.
우리는 서로의 기쁨과 고통에 동참하면서
침묵중에 앉아 있었다.
우리는 외로운 이들이 사랑을 갈망하며
사랑과 확인을 받기 위해
손을 내미는 것을 보았다.
우리는 꿈이 깨져버렸고,
비전이 사라졌다는 소리를 들었다.
또한 희망이 없어지고 웃음이 거둬지는 소리를 들었다
우리는 사회의 고통을 느꼈고, 죽음의 쓰라림을 느꼈다.
그러나 각자의 용감하고 외로운 이야기 중에
하느님의 부드러운 생명이 터져나왔고
어둠 가운데서 음악 소리를 들었으며,
공허 가운데서 꽃의 향기를 맡았다.

우리는 창조의 새싹이 움트는 것을 느꼈고
각자의 영혼이 추구하는 가운데 진흙 속에서도
꾸불꾸불한 길 속에서
하느님 손길의 아름다움을 식별할 수 있었다.
그리고 각자의 이야기 중에 하느님의 음성이 노래불렀고,
각자의 죽음으로부터 생명이 흘러나오는 것을 들었다.
우리의 나눔은 하나의 이야기가 되었고,
생명과 희망과 일치를 추구하는 소박한 외로움의 이야기가 되었다.
사랑을 목말라하는 이 세상에서
생명과 희망의 얘기를 나눌 수 있었다.
그리고 우리는 이 나눔을 통해서
하느님의 음성이 굉장히 폭넓은 소리로,
서로를 사랑하고 서로의 손을 붙잡으라는
음성을 들을 수 있었다.
왜냐하면 너희들은 여러 명이지만 하나이고
너희 각자 안에 내가 살고 있다.
그러니 나의 고통과 죽음을 나누고
나의 이야기에 귀를 기울여라.
내 이야기를 듣고 나와 함께 일어나서 살아가라.